COLL

MARINA TSVÉTAÏÉVA

Insomnie

et autres poèmes

Édition de Zéno Bianu

*Traductions de Henri Abril, Sophie Benech,
René Char et Tina Jolas, Jacques Darras,
Henri Deluy, Claude Frioux, Bernard Kreise,
Gaby Larriac, Véronique Lossky, Ève Malleret,
Christian Mouze, Christian Riguet, Nicolas
Struve, Nikita Struve, Sylvie Técoutoff, Elsa
Triolet, Denise Yoccoz-Neugnot, Christine
Zeytounian-Beloüs*

GALLIMARD

UN CHANT MAGNÉTIQUE

Chaque chose *doit* resplendir à son heure, et cette heure est celle où des yeux véritables la regardent.

MARINA TSVÉTAÏÉVA

Faire que chaque centimètre carré de lumière soit empli de toute la violence du monde.

MARK ROTHKO

À toutes les époques, des acteurs oubliés émergent du passé non comme des ancêtres mais comme des proches.

GREIL MARCUS

Une voix. Une simple voix d'être humain. Mais si pleinement humaine *qu'elle apparaît comme le contraire de notre inhumanité croissante. Une voix de femme, par surcroît. Et même de poète. À peine audible dans le fracas du XXe siècle. Une voix qui a parlé dans l'ombre*

7

des événements *connus*[1] – dans l'ombre de l'actualité[2].

Mais une voix qui finit par ouvrir des brèches dans l'Histoire. Une voix qui parle, pour dire notre vraie voix – et pour que l'Histoire, peut-être, écoute autre chose que son propre tumulte. Une voix naturellement *incendiaire*[3].

Une voix à peine perçue et qui, pourtant, commence à se faire entendre des décennies plus tard, pour nous rappeler au plus singulier de nous-mêmes – pour mettre le doigt sur notre *chaos*[4].

Une voix pour nous révéler notre propre pouvoir. Une voix qui rend la vie plus incandescente. La dévoile comme un monde de perpétuelle nouveauté. Une voix qui *aime*[5]. Sans relâche et sans fin.

Une voix qui a payé – terriblement – le prix à *payer*[6].

---

1. « Pour tout dire, j'ai toujours été étrangère toute ma vie — à *tout* cercle. Politique comme poétique. Mon cercle — le cercle de l'univers (celui de l'âme : c'est la même chose) et le cercle de l'homme, de son humaine solitude, de son isolement. » *Lettres à Anna Teskova, op. cit.*, p. 64. Tsvétaïéva est contemporaine *autrement,* comme Boris Pasternak, lorsqu'il s'exclame : « Les amis ! Dehors, c'est quel siècle ? »

2. « La modernité en art c'est l'action des meilleurs sur les meilleurs, c'est-à-dire le contraire de l'actualité, qui est l'action des plus mauvais sur les plus mauvais. » *Le Poète et le Temps, op. cit.*, p. 42. Ou encore : « Est authentiquement moderne ce qui, dans le temps, est éternel. » *Ibid.* Ou toujours : « Être moderne — c'est créer son époque et non la refléter. » *Ibid.*, p. 45.

3. « Pas la littérature — l'autodévoration par le feu. » *Vivre dans le feu, op. cit.*, p. 143. « En moi — tout est incendie ! » *Ibid.*, p. 287.

4. « *La vie entière* — un brouillon, même la plus *lisse.* » *Lettres à Anna Teskova, op. cit.*, p. 117.

5. « Mon Dieu, quelle joie, *tout* aimer — en un ! » *Lettres de la montagne et lettres de la fin, op. cit.*, p. 57.

6. « Je suis fatiguée comme si j'avais vécu cent vies. » *Lettres de la montagne et lettres de la fin, op. cit.*, p. 28. « Je voudrais une

Une voix qui nous dit que les raisons de se passionner n'ont aucune raison de disparaître[1].

Une voix qui ne s'endort sur aucune habitude. Désengourdissante. Intrépide[2].

Les feux sont des fils de colliers d'or,
J'ai le goût de la feuille de nuit — dans la bouche,
libérez-vous des liens du jour,
amis, sachez-le, je vous parais en rêve.

Marina Tsvétaïéva (1892-1941) est aujourd'hui reconnue comme l'un des plus grands poètes du XX siècle. *Femme de tous les paradoxes, à la fois russe et universelle, prosaïque*[3] *et sublime*[4], *croyante et incroyante, violente et lumineuse. Prise dans la tourmente révolutionnaire après l'écrasement de l'Armée blanche dans laquelle son mari s'est engagé comme officier, elle vit un douloureux exil de dix-sept ans à Berlin, à Prague, puis à Paris. De retour dans son pays natal en 1939, elle se suicide deux ans plus tard.*

tanière — où finir mes jours. » *Lettres à Anna Teskova, op. cit.*, p. 184.

1. « Parce que *chaque* chose que je fais, je la fais avec *passion*. » *Lettres à Anna Teskova, op. cit.*, p. 213.

2. « *intrépidité*, le mot que, tous ces derniers temps, je prononce au fond de moi et parfois même à haute voix — comme un dernier rempart : le premier et dernier mot de ma nature », *Lettres à Anna Teskova, op. cit.*, p. 177.

3. « *Tout* est bon pour le poète, même la monotonie (le monastère) tout sauf la surcharge du quotidien qui obstrue la tête et l'âme. Moi, le quotidien m'a ôté la cervelle ! je vis la vie de n'importe quelle ménagère de Meudon... », *Lettres à Anna Teskova, op. cit.*, p. 114.

4. « Je ne suis pas une joueuse, ma mise — c'est *mon* âme ! » *Lettres de la montagne et lettres de la fin, op. cit.*, p. 17.

Il est des talents si impétueux que les événements les plus dévastateurs de l'Histoire ne sauraient les étouffer. Réduite à néant par la terreur stalinienne, Marina Tsvétaïéva ne cesse aujourd'hui de revivre et de rayonner. Cette « Danseuse de l'âme », ainsi qu'elle se nommait, traverse, subit et transcende les malédictions de l'Histoire comme une comète fracassée. Par sa poésie, fulgurante, rétive et exaltée[1], elle fraternise d'emblée avec toutes les victimes. *La singularité tragique de son itinéraire, d'une indestructible intégrité, garde — aujourd'hui plus que jamais — toute sa charge éclairante.*

> Le ciel est loin ! Les lèvres
> Sont proches, dans la brume...
> — Dieu, ne juge pas ! Tu n'étais pas
> Une femme, sur terre !

Comment la seule lecture d'un poète peut-elle changer réellement la façon dont nous vivons, dont nous pensons, dont nous marchons — à travers les rues ou à travers notre mémoire ? Comment parvient-elle à éveiller en nous ce sentiment, inimitable, de proximité[2] ? « Ma spécialité à

---

1. « L'homme qui *n'est pas* en état d'exaltation ne peut avoir une vision correcte des choses » (10 avril 1921), *Vivre avec le feu, op. cit.*, p. 137.
2. Chaleur intense, une villa sur une plage des Caraïbes. Derek Walcott, le grand poète jamaïcain, ouvre un réfrigérateur... et songe à Marina Tsvétaïéva :
« Je rentrai l'eau gelée et vis une gare avec un train / entravé soudé à la glace. Près du rebord d'une vitre, / le givre dentelait ton visage, en gouttes de patience... »
Poésie 94, n° 51, p. 102, trad. Claire Malroux, février 1994.

moi, c'est la Vie[1] », rappelle Marina Tsvétaïéva, éreintant au passage les « spécialistes ès poésie », pour mieux revendiquer tout ce qui porte, emporte et transporte. Une poétique de l'emportement – dé-mesurer la violence et la disposer avec science –, voilà pour Marina la vocation la plus sûre, celle qui permet de transmettre une essentielle fraternité. Avec elle, l'art est bien – et avant tout – une affaire de présence au monde, et de présence combien haletante.

> Que peuvent faire le bâtard et l'aveugle
> Dans un monde où chacun
> A son père et des yeux ? Où passions
> Et jurons traînent sur tous les remblais,
> Où les larmes s'appellent rhumes de cerveau ?

Marquée au sceau d'une intempestivité native, Marina Tsvétaïéva disait avoir « soif de toutes les routes à la fois ». Soif de s'exposer, de s'avancer, de pénétrer tout entière dans la nuit des êtres et des choses. Jusqu'à faire la « noce avec l'insomnie », jusqu'à « ne pas dormir pour ne pas mourir ». Pour Tsvétaïéva, la nuit est le creuset de la vie – « l'heure des sources dénudées », « l'heure des sources auditives », l'heure « où le monde entre dans nos oreilles », l'espace-temps où nous écoutons vraiment (« nous ne pesons plus, ne respirons plus : nous entendons »[2]). Son lyrisme est profondément nocturne, insomniaque – au sens où Joë Bousquet constatait : « Mes ténèbres ne se sont jamais entièrement dissipées, elles se sont

1. *Averse de lumière*, op. cit., p. 13.
2. Les extraits cités dans cette phrase proviennent du poème *La nuit*, p. 139.

11

étoilées. » Il s'agit bien, pour elle, d'alimenter l'énergie poétique à la nuit même, cette « Nuit source de vie » si chère à Novalis. La vraie vie, ici, c'est la nuit, la nuit où l'on vit, la nuit où l'on aime, la nuit où l'on écrit.

> Pour certains — ce n'est pas une loi.
> À l'heure où le sommeil
> est juste, quasiment sacré,
> certains ne dorment pas.
>
> Ils scrutent...

Du monde et de ses soubresauts Tsvétaïéva nous donne toujours une lecture amoureuse, irrémédiablement irisée, syncopale, aux confins du sens et du non-sens. Un parlé-chanté, où le timbre de la voix s'accorde sans répit au soufflet du cœur. D'une façon si essentielle, si intransigeante, si habitée, qu'un Joseph Brodsky a pu reconnaître là l'une des harmoniques de la singularité tsvétaïévienne : « Tsvétaïéva-poète était identique à Tsvétaïéva-personne ; entre la parole et l'acte, entre l'art et l'existence, il n'existait pour elle ni de virgule ni même de tiret : Tsvétaïéva posait là le signe égal[1]. »

Il y a chez tous les poètes que nous aimons — et c'est toujours le signe des vrais créateurs — une vision du monde, une globalité (tout fait sens), une façon inimitable de respirer dans la langue, d'empoigner l'univers. Ici, les

1. *Loin de Byzance*, Fayard, 1988, p. 185. Brodsky, encore : « Se débarrasser du superflu est en soi le premier cri de la poésie – le début de la prédominance du son sur la réalité, de l'essence sur l'existence : la source de la conscience tragique. Tsvétaïéva est allée dans cette voie plus loin que quiconque dans la littérature russe et, semble-t-il, dans la littérature mondiale. » *Ibid.*, p. 155.

œuvres sont comme les indices d'une entité irréductible. Soit, précisément, quelque chose qu'on ne saurait réduire – « incapacité totale de ma nature — à prier et à me soumettre. Amour fou de la vie, soif fébrile, convulsive de vivre[1]. » Loin, bien loin des catéchismes mortifères, des intelligences d'emprunt et des nihilismes convenus, on sent chez Tsvétaïéva un désir continu de jouer avec toute la palette des situations humaines. De capter, au-delà de tout jugement, le toujours mystérieux foisonnement du monde (dans son horreur et dans sa sainteté). Dans le monde inouï de Marina, tout ce qui se fige se flétrit. « Je ne crains qu'une seule chose au monde, affirme-t-elle déjà, adolescente, en 1910 — ces moments en moi où la vie se fige. »

Comprendre, c'est étreindre, ou embrasser, disait en substance Tsvétaïéva. « Je parle d'un amour à l'air libre, sous le ciel, d'un amour libre, écrit-elle à Anna Teskova, sa confidente de toujours — d'un amour secret, non mentionné dans les passeports, le prodige du prochain. » Dans son amour des mots, l'amour de Marina est souvent allé aux mots d'amour. Comme s'il y avait un lien irréductible entre l'amour de la parole et la parole d'amour. Comme si le poème pouvait vraiment dire l'amour. Comme si le poème transmettait le souffle même de l'amour.

> Là, par les galets, gorgée de vase
> Pour une gorgée de passion !
> Je t'avais si hautement aimé :
> Je me suis dans le ciel inhumée !

*

1. *Vivre dans le feu, op. cit.,* p. 109.

Le fameux « ça ne veut pas rien dire » lancé par Rimbaud n'aurait-il plus rien à nous dire ? La poésie aurait-elle fini d'interroger les limites de notre compréhension ? Et si, tout au contraire, en un temps de manque voué aux fabrications médiatiques, la poésie était – et restait – ce qui met à mal toutes les pseudo-compréhensions ? Et si les poèmes étaient les vrais exorcismes d'aujourd'hui, capables, comme le marque Michaux, de « tenir en échec les puissances environnantes du monde hostile » ?

La poésie ne serait-elle plus une urgence majeure ? Allons donc... Cet infiniment ouvert à l'intérieur de nous serait-il définitivement clos, entravé, condamné ? N'y aurait-il plus de verbe capable d'irriguer notre présent et de risquer l'utopie ? Pour Marina Tsvétaïéva, dont le moindre vers évoque une perception frémissante et contradictoire du réel, à des années-lumière de tous les prêts-à-penser bavards – pour celle qui s'est attachée sans relâche à faire résonner le la souverain de notre nature instable (« Contentez-vous d'être grand — et ça viendra tout seul[1] ! »), la poésie est la clef absolue[2] : clef de sol, clef des songes, clef des champs. Ou, pour le dire autrement, la voix, la vision, le vivant – soit l'essence de la trajectoire tsvétaïévienne qu'Ève Malleret résume superbement en parlant d'une « passion faite chair sonore[3] », et que Brodsky

1. *Lettres de la montagne et lettres de la fin, op. cit.*, p. 129.
2. « Ce n'est pas aux vers (aux rêves) qu'il faut joindre une clef, ce sont les vers qui sont la clef pour tout comprendre. » *L'Art à la lumière de la conscience, op. cit.*, p. 70.
3. Au sens le plus fort, Marina Tsvétaïéva écrit d'oreille : « dans sa poésie, Pasternak *voit*, moi *j'entends* », souligne-t-elle (*Lettres à Anna Teskova, op. cit.*, p. 67). « La forme est exigée par

14

définit radicalement comme une « *fusion absolue de l'art et de la morale*[1] ».

Aux yeux de Tsvétaïéva, la poésie demeure au centre, obstinément (« *Le travail sur le verbe est un travail sur soi*[2] »). *Déchiffreuse/défricheuse*, la poésie irrigue le réel plus que toute autre forme de discours. Encore et toujours, elle dessine inlassablement la vraie géographie mentale de la planète. « *N'oubliez pas*, rappelait Tsvétaïéva : *je vis en avance, je devance la vie*[3]. » Accompagnons-la, en n'oubliant jamais, avec Whitman, que « *la grande poésie n'est possible que s'il y a de grands lecteurs*[4] ». Accompagnons cette voix qui nous dit la persistance du chant, la persistance du souffle. Quelque chose d'irremplaçable : une présence ardente au monde, l'ouverture d'un espace aimanté.

ZÉNO BIANU

---

un essentiel donné et je capte à l'oreille, syllabe après syllabe. » *Le Poète et la Critique, op. cit.*, p. 75. Mieux : « Mon écriture tout entière consiste à prêter l'oreille. » *Ibid.* p. 42. Ou encore, sur un mode éminemment rimbaldien : « Jamais je n'écris, toujours je transcris (comme sous la dictée). » *Vivre dans le feu, op. cit.*, p. 140.

1. *Loin de Byzance, op. cit.*, p. 194.
2. *Vivre dans le feu, op. cit.*, p. 258.
3. *Neuf lettres avec une dixième retenue..., op. cit.*, p. 23.
4. « Je respecte aussi la fatigue du lecteur. De lire mon œuvre t'a fatigué — donc tu as bien lu et tu as lu quelque chose de bien. La fatigue du lecteur n'est pas dévastatrice, elle est créatrice, cocréatrice. Elle fait honneur au lecteur et à moi-même. » *Le Poète et la Critique, op. cit.*, p. 66.

NOTE SUR LA PRÉSENTE ÉDITION

Insomnie et autres poèmes constitue l'indispensable complément du précédent volume de Marina Tsvétaïéva publié en *Poésie* / Gallimard : *Le ciel brûle* suivi de *Tentative de jalousie*. Du cycle de « *L'amie* », commencé en octobre 1914, à la fougue ouvertement « amazone », jusqu'aux terribles poèmes de la fin (« Il est temps / D'ôter l'ambre, / De changer les mots »), *Insomnie...* restitue *toutes* les facettes de celle qui ne prêcha qu'un seul credo : « l'amour fou de la vie ».

On sait l'importance de la traduction comme exercice poétique par excellence pour Marina Tsvétaïéva, qui s'est notamment, elle-même, attachée à traduire Pouchkine et Rilke. Comme exercice unique de rencontre dans le cœur de la langue, par-delà le temps et l'espace : « Lorsque je mourrai – [Rilke] viendra me chercher. Il me *traduira* dans l'autre monde, comme moi, aujourd'hui, je le *traduis* en russe (en le tenant par la main). C'est ma seule façon de concevoir — la traduction[1]. »

---

1. *Lettres à Anna Teskova, op. cit.*, p. 82.

Tous ceux qui ont traduit ici Tsvétaïéva l'ont prise par la main, chacun à sa manière, chacun dans son registre. Tous l'ont accompagnée. Grâce à leur diversité d'approches, le territoire poétique de Tsvétaïéva se découvre plus largement et de façon plus différenciée. La multiplicité des traductions intensifie et décuple les horizons et les perspectives : autant d'autres vies pour le poème.

Autant d'autres vies pour Marina « l'innombrable », qui savait par-dessus tout « le non-hasard des mots en poésie[1] ». Autant d'autres vies pour Marina l'universelle : « Une œuvre universelle, c'est celle qui traduite dans une autre langue et dans la langue d'une autre époque — ne perd presque rien et même rien du tout. Ayant tout donné à sa contrée et à son époque, elle donne encore à toutes les contrées et à toutes les époques. Ayant manifesté jusqu'aux limites extrêmes ce que sont sa contrée et son époque, elle révèle, sans limites, ce qui n'est ni contrée ni époque : pour les siècles des siècles[2]. »

ZÉNO BIANU

---

1. *Lettres de la montagne et lettres de la fin, op. cit.*, p. 37.
2. *Le Poète et le Temps, op. cit.*, p. 14.

L'amie

L'amie[1]

1

Heureuse ? — Vous ne répondrez pas ! —
Je m'en doute ! — Et c'est tant mieux !
Vous avez, je crois, embrassé trop de gens,
De là cette tristesse.

Les héroïnes tragiques de Shakespeare,
Je les vois toutes en vous.
Jeune lady tragique, mais vous,
Personne ne vous a sauvée.

Fatiguée, tellement, de répéter
La rengaine d'amour : ce poids
De fonte est éloquent —
Sur vos bras exsangues.

Je vous aime ! — Le péché — cette nuée
D'orage — est sur vous ! Car
Vous êtes agressive, et brûlante,
Et la meilleure.

Car nos vies, à nous, — sont différentes
Dans l'obscurité des chemins,
Et vos séductions inspirées,
Et votre sombre destin.

Car, mon démon au front haut,
Moi, je vous demande pardon, car
Vous, on ne peut plus vous sauver, même
En se déchirant au-dessus du cercueil ! —

Car ce frisson — là — se peut-il
Qu'il ne soit, lui qu'un rêve ? —
Car, par une délicieuse ironie,
Vous — vous n'est pas lui.

16 octobre 1914

2

Sous la caresse du plaid, de ses peluches,
Je fais revivre le rêve d'hier : C'était
Quoi ? — Qui fut vainqueur ?
— Qui fut vaincu ?

Je repense à tout, de nouveau,
Et, à nouveau, je souffre de tout.
Car, dans cette chose, dont j'ignore
Le nom, y avait-il de l'amour ?

Qui était le chasseur ? — Qui, la proie ?
Tout, diaboliquement, devient son contraire.
Et le chat de Sibérie ronronnait — lui —,
Oui, mais qu'est-ce qu'il comprenait ?

Dans ce duel de caractère, qui,
Quelle main avait toujours —
La balle ? Quel cœur — le Vôtre, ou
Le mien, prenait son galop ?

Et, malgré tout, c'était quoi ?
Ce que je désire tant, et repousse ?
Je ne sais : moi, vainqueur ? —
Moi, vaincue ?

23 octobre 1914

3

Aujourd'hui, le dégel, aujourd'hui,
Debout, près de la fenêtre, de nouveau
Apaisée, regard dégrisé, plus encore,
Et ma poitrine — plus libre.

Je ne sais pourquoi. Peut-être
L'âme simplement fatiguée,
Et sans envie de toucher
Au crayon rebelle.

Debout, ainsi, dans le brouillard —
Au loin du bien et du mal,
Je tambourine d'un doigt léger
Sur la vitre qui vibre à peine.

Ni meilleure ni pire — par l'âme,
Que le premier venu — au hasard —
Ou que les flaques dans lesquelles
Le ciel répand ses perles,

Ou qu'un oiseau qui passe,
Ou qu'un chien qui erre, ou,
Même, qu'une chanteuse pauvre
Qui ne m'a pas fait pleurer.

Déjà, mon âme a retrouvé
L'art subtil de l'oubli.
Dégel, aujourd'hui, dans l'âme,
Pour le vaste sentiment.

24 octobre 1914

4

Vous aviez la flemme de vous habiller, et
Vous aviez la flemme de quitter les fauteuils.
— Mais chacun de vos jours à venir
Serait gai de ma gaîté.

Vous n'aimiez surtout pas sortir
Si tard, dans la nuit, dans le froid.
— Mais chacune de vos heures à venir
Serait jeune de ma gaîté.

Vous l'avez fait sans penser à mal,
Innocemment, irrémédiablement.
— J'étais votre jeunesse,
Qui passe.

25 octobre 1914

Par la Bolchaia Loubianka, ce soir,
Après sept heures, d'un trait — une balle,
Une boule de neige —, le traîneau,
Vers on ne sait où, en coup de vent.

Le rire était déjà loin...
Je suis restée, là, regard gelé :
La fourrure rousse des cheveux, et
L'autre, de haute taille, à ses côtés !

Vous étiez avec une autre, avec elle,
Déjà, vous conduisiez ce traîneau, —
Avec une bien-aimée, chérie, —
Bien-aimée — plus que moi.

— *Oh, je n'en puis plus, j'étouffe*[1] *!* —
Vous lanciez à pleine voix, —
La serrant d'un geste large
Dans la couverture de fourrure.

Il est gai, — le monde, et la soirée folle !
Vos achats tombaient du manchon...
Ainsi, Vous, à toute bride, dans la neige,
Regard sur regard, pelisse sur pelisse.

Une très violente révolte, — et
La neige tombait toute blanche.
Et deux secondes environ, — pas plus —
Je vous ai suivie du regard

Et je caressais le long poil
De ma pelisse — sans colère.
Votre petit Kay est gelé,
Oh, reine des neiges[1].

26 octobre 1914

6

La nuit, au-dessus du marc de café,
Elle regarde vers l'Est et pleure.
Sa bouche, innocente mais épanouie,
Comme une fleur monstrueuse.

Bientôt la lune — jeune, mince —
Remplacera l'aurore vermeille. Et
Combien de peignes je t'offrirai,
À toi, et combien de bagues !

Entre les branches, la jeune lune
N'a pu préserver personne. Et
Combien de bracelets je t'offrirai, et
De chaînes, et de boucles d'oreilles !

Et combien brillent, au-dessous de la lourde
Crinière, les prunelles éblouissantes !
Tes compagnons sont jaloux ? —
Les pur-sang, eux, sont légers !

6 décembre 1914

Car elle scintillait gaiement, la neige, et
La fourrure de zibeline — la mienne, et la vôtre,
— Grise, et sur le marché nous cherchions des rubans
Aux couleurs les plus vives, pour la Noël...

Car j'ai trop mangé — six ! —
De ces gaufrettes roses et peu sucrées —
Car j'étais émue, en votre honneur,
Devant tous ces petits chevaux roux.

Car elles essayaient de nous vendre des chiffons —
Au nom de Dieu, ces blouses rousses comme des
    voiles,
Car elles étaient ébahies par les bizarres
Demoiselles de Moscou, ces paysannes naïves.

Car nous sommes entrées dans la cathédrale,
Sans entrain, à l'heure où chacun s'en va,
Et votre regard s'est attardé
Sur l'icône ancienne de la Vierge.

Car il était paisible et mince
Ce visage aux yeux moroses,
Dans sa niche aux amours replettes
Du temps d'Élisabeth, l'impératrice.

Car vous avez lâché ma main
Et vous avez dit : « Je la veux »,
Avec quel soin vous avez placé
Dans le chandelier — un cierge jaune...

— Oh, votre main mondaine, avec sa bague
D'opale ! — Oh, toute mon infortune ! —
Et je vous ai promis, l'icône,
De la voler, cette nuit même...

Car nous sommes arrivées — un régiment
De soldats ! — dans cet hôtel du monastère,
— Le son des cloches, et le crépuscule —
Bienheureuses, comme pour un jour de fête.

Car je vous jurais de devenir — de plus
En plus belle en vieillissant — et je jetais du sel,
Car, par trois fois, de ma réussite — j'ai sorti
Le roi de cœur[1] — et vous étiez furieuse ! —

Car vous avez entouré ma tête
Et caressé chacune de mes boucles,
Car la fleur de Votre broche en émail.
Me faisait froid sur les lèvres.

Car je promenais ma joue endormie
Sous vos doigts effilés, et

Vous vous moquiez et vous me traitiez
De garçon et vous m'aimiez, telle que j'étais...

Décembre 1914

8

Dressé, librement, le cou,
Comme une jeune plante. Qui
Dira le nom, qui — l'âge, qui
— Le pays natal, qui — le siècle ?

Il est incertain et faible
Le repli des lèvres pâles,
Mais éblouissante la bosse
Du front beethovenien.

L'ovale discret est pur
Jusqu'à l'attendrissement.
La main — porterait bien le fouet,
Et — dans l'argent — une opale.

La main, digne d'un archet,
Noyée dans les soies,
Une main incomparable,
Une belle main.

10 janvier 1915

9

Tu passes ton chemin, — et
Je ne prends pas ta main. Mais
L'angoisse en moi : trop éternelle
Pour que tu sois n'importe qui.

Et mon cœur aussitôt : « Ma chérie » !
J'ai tout pardonné — au hasard —,
Sans rien savoir — même pas ton nom ! —
Aime-moi, ô, aime-moi !

Je le vois à tes lèvres — sinueuses —
À leur arrogance superbe,
À l'avancée lourde des sourcils,
Ce cœur, on le prend — d'assaut !

Ta robe, — noire carapace de soie,
Ta voix, un peu rauque, à la tzigane,
J'ai mal tant j'aime tout en toi
Et même que tu ne sois pas une beauté.

Beauté, qu'un seul été ne fanera pas,
Tu n'es pas une fleur — une tige d'acier
Mauvaise, plus qu'un mauvais, plus acérée,
Que l'acéré — et dans quelle île cueillie ?

Que tu te joues d'un éventail ou d'une canne, —
Dans chacune de tes veines, et dans tes os,
Dans la forme même de chaque doigt mauvais, — :
Tendresse de femme, impertinence de garçon.

Par chaque moquerie parée d'un vers,
J'ouvre — pour toi et pour le monde, tout
Ce qui pour nous en toi se prépare,
Inconnue au front de Beethoven.

14 janvier 1915

Ce parfum — le White Rose[1] — et le thé
Et les statuettes de Sèvres,
Au-dessus du foyer de la cheminée,
Comment ne pas s'en souvenir...

Nous étions — moi, robe bouffante
De brocart à peine dorée, vous —
Dans cette veste noire de tricot
Avec les ailes du col.

Je me souviens : votre entrée, et
Votre visage — sans couleur, l'arrêt
Sur le seuil, un doigt entre les dents,
La tête inclinée, légèrement.

Et votre front ambitieux
Sous la masse du casque roux,
Ni femme, ni garçon, mais
Quelque chose de plus fort que moi.

D'un mouvement incontrôlé,
Je me suis levée, on nous a entourées.
Et quelqu'un, le ton badin : « Faites
Donc connaissance, messieurs, dames »[1].

D'un long mouvement, vous avez mis
Votre main dans ma main, et,
Tendrement, cette partie glacée
S'est attardée entre mes doigts.

À demi couchée dans un fauteuil,
Je tournais une bague sur mon doigt.
Je regardais de côté et goûtais
Par avance une altercation.

Vous avez pris une cigarette,
Moi, j'ai frotté une allumette,
Sans savoir ce que je ferais
Si vous me regardiez en face.

Je me souviens — au-dessus du vase bleu —
Du tintement de nos verres...
« Oh, soyez mon Oreste ! », et
Je vous donnais une fleur.

Cet éclair de vos yeux gris, et
Vous avez sorti du sac de daim
Noir, d'un geste long, un mouchoir,
Et vous l'avez laissé tomber.

28 janvier 1915

11

Tous les yeux sont ardents — sous le soleil,
Chaque jour est un jour différent.
Je te le dis pour le cas
Où je te tromperais : quelles

Que soient les lèvres
Que j'embrasse, à l'heure d'amour,
À la mi-nuit noire, à qui que ce soit
Que je jure furieusement de vivre

Comme une mère à son enfant,
Comme fleurit une fleur,
Sans jamais promener mon regard
Sur qui que ce soit d'autre...

Tu vois, cette petite croix en cyprès ?
Car — tu la connais —, tout
S'éveillera — à ton premier signe —
Sous ma fenêtre.

22 février 1915

12

Les collines des environs de Moscou sont bleues,
Poussière et goudron — dans l'air à peine tiède.
Tout le jour je dors et je ris tout le jour, — je suis,
Probablement, en train de guérir de l'hiver...

Je rentre chez moi le plus doucement possible :
Je ne regrette pas — les poèmes non-écrits !
Le bruit des roues et les amandes grillées
Me sont plus chers que tous les quatrains.

Ma tête est vide, et c'est charmant :
Le cœur — lui — est trop plein !
Mes jours sont de petites vagues
Que je regarde du port.

De trop tendres regards
Dans l'air tendre à peine tiède,
À peine guérie de l'hiver, déjà
Je suis malade de l'été.

13 mars 1915

J'ai aimé tes mains, ces mains
Autoritaires, je le répéterai
Vers la fin de notre amour,
À la veille de la séparation,

Et tes yeux — qui n'offrent pas
Leur regard à n'importe qui —
Et qui demandent raison
Pour un regard fortuit.

Toi, tout entière, et ta passion
Trois fois damnée — Dieu la voit ! —
Toi, qui exiges réparation
Pour un soupir fortuit.

Fatiguée encore, je dirai :
— Ne te presse pas d'écouter ! —
Ton âme s'est posée
En travers de mon âme.

Et je te dirai encore :
— Qu'importe — c'est la veille ! —
Cette bouche était jeune
Avant tes baisers.

Et ce regard hardi et clair,
Avant ton regard, et ce cœur
— Avait cinq ans... Heureux
Qui n'a pas croisé ton chemin.

28 avril 1915

14

Il est des noms comme des fleurs étouffantes,
Il est des regards comme des flammes dansantes...
Il est des bouches sombres et ondoyantes,
Avec des coins profonds et humides.

Il est des femmes. — Leurs cheveux, un casque,
Leur éventail répand une odeur fine et funeste.
Elles ont trente ans. — À quoi bon, à quoi bon
Vouloir mon âme d'enfant spartiate ?

Ascension 1915

15

Je veux le demander au miroir :
Où donc tout n'est-il que brouillard,
Sommeil brumeux —,
Où votre chemin,
Où votre refuge ?

Je vois : les mâts d'un bateau,
Et vous sur le pont... Vous —
Dans la fumée des trains... Et des champs
Pris dans la plainte du soir.

Des champs, le soir sous la rosée,
Et au-dessus — des corbeaux...
— Je vous bénis et vous laisse
Libre comme l'air !

9 mai 1915

Tu aimas, dans la première,
Cette beauté supérieure,
Les boucles couleur de henné,
L'appel plaintif de la zourna[1]
Et sous le cheval — le bruit du silex,
Et l'élan du saut — au bas du cheval,
Et — dans le grain des pierres fines —
Deux navettes et l'arabesque.

Et dans l'autre — une deuxième —
L'étroit sourcil arqué,
Les tapis de soie rose
De Boukhara, et
Les anneaux, partout sur la main,
Le grain de beauté sur la joue,
Le hâle éternel sous les dentelles
De soie, et Londres, la nuit.

Et tu aimas la troisième
Pour autre chose encore...

Que restera-t-il de moi,
Dans ton cœur, voyageuse ?

14 juillet 1915

17

N'oubliez pas : un seul cheveu de ma tête
M'est plus cher que toutes les têtes.
Allez-vous-en... — Vous aussi,
Et vous, — et vous aussi.

Cessez de m'aimer, tous, cessez de m'aimer !
Ne me guettez plus, le matin !
Que je puisse sortir calmement
Et prendre l'air.

6 mai 1915

Le navire ne naviguera pas toujours
Et le chant du rossignol...
J'ai si souvent voulu vivre
Et si souvent — mourir !

Fatiguée de la loterie, comme
Dans mon enfance, — je quitterai le jeu,
Heureuse de ne pas croire
Qu'il y a d'autres mondes.

3 mai 1915

Ça me plaît que vous n'ayez pas le mal de moi
Et ça me plaît que je n'aie pas le mal de vous[1],
Que la lourde boule terrestre n'aille pas
S'enfuir sous nos pieds tout à coup.
Ça me plaît de pouvoir être amusante —
Dévergondée — sans jeux de mots ni leurre —
Et de ne pas rougir sous la vague étouffante
Quand nos manches soudainement s'effleurent.

Ça me plaît aussi que vous enlaciez
Calmement devant moi une autre femme,
Et que, pour l'absence de mes baisers,
Vous ne me vouiez pas à l'enfer et aux flammes.
Que jamais sur vos lèvres, mon très doux,
Jour et nuit mon doux nom — en vain — ne reten-
    tisse...
Que jamais l'on n'aille entonner pour nous :
Alléluia ! dans le silence d'une église.

49

Merci, de tout mon cœur et de ma main,
Pour m'aimer tellement — sans le savoir vous-
    même ! —,
Pour mon repos nocturne et pour, de loin en loin,
Nos rencontres qu'un crépuscule enchaîne,
Pour nos non-promenades sous la lune parfois,
Pour le soleil qui luit — pas au-dessus de nous.
Merci de n'avoir pas — hélas — le mal de moi,
Merci de n'avoir pas — hélas — le mal de vous.

3 mai 1915

Je n'ai pas suivi la Loi, je n'ai pas communié.
Et jusqu'à l'heure dernière je pécherai
Comme j'ai péché et comme je pèche encore :
Avec passion ! Par tous les sens que Dieu me donne !

Amis ! complices ! vous qui n'incitez qu'au feu !
Vous qui paraîtrez avec moi ! ô tendres maîtres !
Adolescent, fille, arbre, étoiles et nuées !
Nous répondrons ensemble devant Dieu, ô Terre !

26 septembre 1915

51

Il n'y a pas, dans ce maudit
Volume, de tentation
Pour une femme. — Ars amandi,
Pour une femme — toute la terre.

Le cœur — des philtres d'amour,
Le philtre — le plus sûr. — Une femme,
Dès son berceau est un péché mortel,
Pour l'un ou pour l'autre.

Le ciel est loin ! Les lèvres
Sont proches, dans la brume...
— Dieu, ne juge pas ! Tu n'étais pas
Une femme, sur terre !

29 septembre 1915

Je sais la vérité ! Arrière, les vérités d'hier !
Il ne faut pas que l'homme contre l'homme se
  déchaîne !
Voyez, déjà le soir, voyez, la nuit s'accélère,
Qu'y a-t-il [1] *?* poètes, amants, grands capitaines ?

Déjà le vent s'étale, la terre de rosée est humide,
Et bientôt au ciel se figera l'ouragan stellaire.
Sous la terre nous allons dormir, nous qui sur terre
Les uns les autres nous sommes empêchés de dormir.

                                        3 octobre 1915

Poèmes sur Moscou[1]

Nuages autour,
Coupoles autour.
Par-dessus Moscou
— De toutes mes mains ! —
Je te hisse au ciel, mon radieux fardeau,
Mon beau petit arbre
Qui ne pèse rien !

Dans la prodigieuse,
Paisible cité
— Où même défunte
J'aurai de la joie —
À toi de régner, et d'être affligé,
De porter couronne
Ô mon premier-né[2] !

Jeûnant aux carêmes,
Sans khôl aux sourcils,
Honore toujours
La nuée d'églises.

Et parcours à pied — de ton jeune pas —
Les libres espaces
Sur les sept collines[1] !

Il viendra ton tour
— Tendrement amer —
De donner Moscou
À ta fille un jour.
Moi j'aurai les songes, et le son des cloches,
Sur Vagankovo[2]
Les aubes précoces.

31 mars 1916

Le jour viendra — si triste, paraît-il —
Où mes yeux, ainsi qu'une flamme agiles,
Auront fini de régner et brûler —
Refroidis par cinq kopecks étrangers[1].
Et, tel un sosie palpant son image,
La face paraîtra sous le visage.
Ô, je t'aurai à la fin méritée,
Belle ceinture de sérénité !

Et au lointain (vous aussi vous verrai-je ?)
Sur le sentier noir viendra le cortège
Des pèlerins se signant en désarroi —
Vers ma main qui ne se repliera pas,
Vers ma main plus frappée par l'anathème,
Vers ma main qui n'existera plus même.

Et à tous vos baisers — ô vous vivants —
Je ne résisterai plus comme avant.
Tu me couvriras de la tête aux pieds,
Merveilleux voile de sérénité.

Plus rien ne pourra me faire rougir —
En ce jour saint où la Pâque respire.

Et par les rues de Moscou qui s'efface
J'irai — vous tous cheminant sur mes traces.
Et plus d'un ralentira dans la côte,
Et sera jetée la première motte,
Et enfin je pourrai m'abandonner
Au sommeil égoïste — le dernier.
Et plus rien ne viendra porter atteinte
À Marina la boyarde défunte.

11 avril 1916
1ᵉʳ jour de Pâques

Grappes en feu
Sur les sorbiers
Chute des feuilles —
Je suis née.

Joute infinie
Des cloches hautes
Un samedi :
Saint Jean l'Apôtre[1]

Ce désir clair
Toujours m'absorbe :
Mordre l'amère
Grappe de sorbes.

16 août 1916

Poèmes à Blok [1]

1

Ton nom — un oiseau dans la main,
Ton nom — sur la langue un glaçon.
Un seul mouvement de lèvres.
Quatre lettres.
La balle saisie au bond,
Dans la gorge un grelot d'argent.

Une pierre jetée dans l'étang
Sangloterait ainsi quand on t'appelle.
Dans le piaffement léger des sabots la nuit
Ton nom, son éclat, retentit.
Le chien du fusil qui claque à la tempe
Le dit.

Ton nom — ah, impossible !
Ton nom — le baiser sur les yeux,
Sur le tendre froid des paupières.

Ton nom — le baiser sur la neige.
Gorgée d'eau bleue qui sourd, glaciale.
Avec ton nom — le sommeil est profond.

15 avril 1916

59

Tendre spectre,
Chevalier au cœur pur,
Qui t'a fait venir
Dans ma jeune vie ?

Dans les ténèbres, toi,
Reflet bleu, vêtu
De neige-chasuble.

Ce n'est pas le vent
Qui me chasse par la ville.
Las ! au troisième soir
Je flaire l'ennemi.

Yeux bleus —
Moi, tu m'as envoûtée —
Chantre de neige.

Cygne de neige
À mes pieds,

Son duvet flotte
Lentement s'incline sa tête.

Ainsi, par la faute de ces plumes,
J'avance vers la porte
Où veille — la mort.

Il chante pour moi
À la croisée bleue,
Il chante pour moi
Et des grelots lointains,

Dans un long cri,
Un cri de cygne —
Il appelle.

Spectre adorable !
Je sais que je rêve.
Fais-moi cette grâce :
Tombe en poussière !
Amen, amen.

1ᵉʳ mai 1916

3

Tu passes à l'ouest du soleil
Rencontrer la lumière du soir.
Tu passes à l'ouest du soleil,
La neige efface ta trace.

Devant mes fenêtres, impassible,
Tu vas passer dans un silence de neige,
Bel homme juste, homme de Dieu,
Lumière douce de l'âme !

Ton âme je ne la convoite pas !
Ton chemin nul ne peut le violer.
Dans ta main blanche de baisers,
Les clous je ne les enfoncerai pas.

Et je ne prononcerai pas ton nom,
Ni ne veux tendre les mains vers toi.
Je ne saluerai que de loin
Ta sainte face de cire.

Et sous la neige lente
Je me jetterai à genoux,
Pour toi
J'embrasserai la neige du soir —

Là où ton pas superbe
A tracé dans un silence de mort,
Douce lumière, gloire sacrée,
Dieu puissant de mon âme.

2 mai 1916

4

La tanière pour la bête,
Le chemin pour le pèlerin,
Le corbillard pour le mort.
À chacun son bien.

Ruser pour la femme,
Pour le tsar gouverner,
Et moi que je célèbre
Blok — Alexandre.

2 mai 1916

Insomnie

Insomnie[1]

1

Elle m'a entouré les yeux d'un cercle
d'ombre — l'insomnie.
L'insomnie a ceint mes yeux
d'une couronne d'ombre.

Attention ! Ne prie pas
chaque nuit — les idoles !
J'ai découvert ton secret
toi, l'idolâtre.

Il te faut — peu — de jour
d'éclat du soleil !

Porte ma paire d'anneaux,
toi, la pâle figure !
j'ai appelé, rappelé comme un sort
la couronne d'ombre.

Tu m'appelais — peu ?
Avec moi — tu dormais — peu ?

Tu t'étendras, le visage léger,
les gens s'inclineront.
Je serai ton lecteur,
moi, l'insomnie :

— Dors, apaisée,
dors, honorée
dors, femme
couronnée

Pour que — le sommeil — soit plus léger,
je serai ton chanteur :
dors mon amie
inlassable,
dors, perle fine,
dors, insomniée.

Et on a beau écrire des lettres,
et on a beau jurer ensemble...
Dors, toi.

Et voilà les inséparables
séparés.
Et voilà tes menottes à mes mains
arrachées.
Et voilà qu'a cessé ton supplice
douce suppliciée.

Sommeil — béni.
Tous — endormis.
Couronne — partie.

8 avril 1916

2

J'aime embrasser
les mains, et j'aime
distribuer des noms,
et aussi ouvrir grand
les portes,
— toutes grandes — sur la nuit sombre !

La tête entre les mains,
écouter un pas lourd
quelque part diminuer,
et le vent balancer
la forêt
en sommeil, sans sommeil.

Ah, nuit !
Quelque part des sources courent,
je glisse vers le sommeil.
Je dors presque.
Quelque part dans la nuit
un homme se noie.

27 mai 1916

3

Dans ma vaste ville — c'est la nuit.
De ma maison en sommeil, je vais — loin
et l'on pense : c'est une femme, une fille —
mais je me rappelais seulement — la nuit.

Le vent de juillet me balaie — la route,
quelque part, à une fenêtre de la musique — à peine.
Ah, qu'il souffle maintenant jusqu'à l'aube — le vent
par les frêles parois de ma poitrine — dans ma poitrine.

Il y a un peuplier noir, à une fenêtre — une lueur,
un tintement dans une tour et dans la main — une
    fleur,
et il y a ce pas — personne — il ne suit,
et il y a cette ombre, mais moi — je ne suis.

Les feux sont des fils de colliers d'or,
j'ai le goût de la feuille de nuit — dans la bouche,
libérez-vous des liens du jour,
amis, sachez-le, je vous parais en rêve.

17 juin 1916
Moscou

70

4

Après une nuit sans sommeil, le corps faiblit
devient doux et autre — il n'est à personne.
Dans les veines ralenties des traits font encore mal
et on sourit aux gens comme un ange.

Après une nuit sans sommeil, les mains faiblissent,
l'indifférence est profonde : ami ? ennemi ?
Chaque son fortuit recèle un plein arc-en-ciel,
l'odeur de Florence flotte soudain sur le gel.

Les lèvres s'éclaircissent tendrement, l'ombre est
    plus dorée
autour des yeux creusés. C'est la nuit qui a allumé
ce visage si éclatant — et de la nuit sombre
en nous, les yeux seuls — restent sombres.

19 juillet 1916

5

En cet instant   je suis un hôte céleste
dans ton pays.
  Je voyais l'insomnie de la forêt
et le sommeil des champs.

Quelque part dans la nuit des sabots
creusaient l'herbe.
Une vache a soupiré lourdement
dans l'étable en sommeil.

Je te parlerai avec tristesse
avec toute tendresse
d'une oie-gardienne
et des oies endormies.

Mes mains se noyaient dans la toison d'un chien,
le chien était blanc.
Puis vers six heures,
l'aube a commencé.

20 juillet 1916

En cette nuit je suis seule dans la nuit, —
religieuse sans sommeil, sans maison ! —
En cette nuit j'ai les clés qui ouvrent
toutes les portes de cette capitale unique !

L'insomnie m'a poussée sur la route,
— comme tu es beau, ô mon Kremlin, tout
    effacé ! —
En cette nuit j'embrasse sur la poitrine
la terre toute ronde qui se bat !

Ma fourrure se soulève — non mes cheveux,
un vent étouffant me souffle droit dans l'âme.
En cette nuit je plains tous ceux —
qu'on plaint et qu'on embrasse.

1ᵉʳ août 1916

7

Doux-doucement, léger-légèrement
quelque chose a sifflé dans un pin.
J'ai vu en rêve
un enfant aux yeux noirs.

Ainsi perle sur un pin rouge
la résine ardente.
Ainsi dans ma nuit splendide,
une scie me passe sur le cœur.

8 août 1916

8

Noire comme la pupille, comme la pupille toi qui
    suces
la lumière, je t'aime, nuit vigilante.

Laisse ma voix te chanter, toi l'aïeule
des chants, dont la main tient la bride des quatre
    vents.

Lorsque je t'appelle, que je te rends gloire, je ne suis
qu'un coquillage où l'océan ne s'est pas encore tu.

Nuit, j'ai déjà trop regardé dans la pupille de
    l'homme !
Réduis-moi en cendres, nuit, soleil noir !

9 août 1916

9

Qui dort chaque nuit ? Personne ne dort !
L'enfant crie dans son berceau,
le vieillard est face à sa mort,
le jeune homme parle avec son amie,
le souffle, à ses lèvres, les yeux dans ses yeux.

On s'endort — s'éveillera-t-on ici encore ?
On a le temps, le temps, on a le temps de dormir !

Un gardien vigilant, de maison en maison
passe, un fanal rose à la main,
et, grondements saccadés par-dessus l'oreiller,
sa crécelle violente va gronder :
— Ne dors pas ! Résiste ! Je dis vrai !
sinon, c'est le sommeil éternel !
sinon, c'est la maison éternelle !

12 décembre 1916

10

Voici encore une fenêtre
où encore on ne dort.
Peut-être — on boit du vin,
peut-être — on est assis.
Ou simplement ils sont deux
qui ne défont pas leurs mains.
Dans chaque maison, ami,
il y a une fenêtre ainsi.

Cri des ruptures et des rencontres,
c'est toi, fenêtre dans la nuit !
Peut-être — centaines de chandelles,
peut-être — trois chandelles.
Non, point de repos
pour mon esprit.
Dans ma maison toujours
il en fut ainsi.

Prie, ami, pour la maison sans sommeil,
pour la fenêtre éclairée.

23 décembre 1916

Insomnie ! Mon amie !
Je rencontre encore ta main
et la coupe qu'elle tend
dans la nuit de silence
bruissant.

— Sois ravie !
Goûte !
Je te mène
au sommet, non,
mais au fond...
Caresse-la de tes lèvres !
Mon pigeon ! Amie !
Goûte !
Sois ravie !
Bois tout !
Loin des passions —
tiens bon,
loin des nouvelles —
repose.

— Amie ! —
Honore.
Entrouvre tes lèvres !
De toute la grâce de tes lèvres,
prends
le bord de cette coupe ciselée,
aspire,
avale :
— n'éveille ! —
Amie, ne m'en veux pas !
Sois ravie !
bois tout !
De toutes passions —
c'est la plus passionnée, de toutes morts
c'est la plus tendre... De mes deux paumes
— à moi — sois ravie, bois tout

Le monde a disparu tout entier ! Dans le néant
les rives inondées...
— Bois hirondelle ! Au fond,
les perles dissoutes...

Tu bois la mer,
tu bois les aubes.
Avec quel amant la noce
— la mienne —
est-elle comparable
— mon enfant — ?

Et si on te demande (sache-le !)
pourquoi tu n'as pas le teint frais, comme on dit,

réponds, je fais la noce avec l'insomnie,
je fais la noce avec l'insomnie...

Mai 1921

Je viens vers toi dans la nuit noire[1],
Comme vers le dernier recours.
Je suis l'errant privé de famille,
Le navire qui coule.

Sur mes terres, c'est la fin d'un règne,
De sombres moines y conspirent.
Chacun s'affuble du vêtement royal,
Des valets de meute ont pris le pouvoir.

Qui n'intrigue pour prendre mes terres,
Qui n'a pas enivré mes gardes ?
Qui n'a pas distillé le poison la nuit ?
Ou allumé partout le feu ?

Les imposteurs, les chiens rapaces
M'ont dépouillée de tout !
Aux portes de ton palais, ô mon seul roi,
Je ne suis plus qu'une mendiante !

27 avril 1916

À AKHMATOVA[1]

Ô muse des pleurs, la plus belle des muses !
Complice égarée de la nuit blanche où tu nais !
Tu fais passer sur la Russie ta sombre tourmente
Et ta plainte aiguë nous berce comme un trait.

Nous nous écartons en gémissant et ce Ah !
Par mille bouches te prête serment, Anna
Akhmatova ! Ton nom qui n'est qu'un long soupir
Tombe en cet immense abîme que rien ne nomme.

À fouler la terre que tu foules, à marcher
Sous le même ciel, nous portons une couronne !
Et celui que tu blesses à mort dans ta course
Se couche immortel sur son lit de mort.

Ma ville résonne, les coupoles scintillent,
Un aveugle errant passe en louant le Sauveur...
Et moi je t'offre ma ville où les cloches sonnent,
Akhmatova, et je te donne aussi mon cœur.

19 juin 1916
Moscou

Un soleil blanc et des nuages très, très bas,
Le long des potagers, derrière le mur blanc,
Un cimetière. Des files d'épouvantails
De paille, sous les traverses à hauteur d'homme.

Et, me penchant par-dessus les pieux de l'enclos,
Routes, arbres, je vois des soldats en tout sens,
Près du portillon, une vieille paysanne
Mâchonne une miche de pain noir au gros sel...

Ces khatas[1] grises qu'ont-elles fait pour provoquer
Ton courroux, Seigneur ? Pourquoi trouer les poitrines ?
Le train passe en hurlant et hurlent les soldats,
Le chemin poussiéreux recule, recule...

Plutôt mourir ! Plutôt ne jamais être née,
Que d'écouter ce pitoyable cri plaintif
Pour les belles aux sourcils noirs. Oh, comme ils chantent
Aujourd'hui, les soldats ! Seigneur Dieu, comme ils chantent !

8 juillet 1916

Pour atteindre lèvres et couche[1],
Devant l'église de Dieu — ma peur,
Je dois passer.

Devant calèches de mariages,
Processions d'enterrements,
Avec l'interdit des anges
Consigné sur le fronton.

Dans le noir des nuits sans lune,
Devant les saints-veilleurs de fonte,
Statuaires sur les battants,

Droit vers la seule porte qui chante,
Lumière dans un nuage d'encens,
En toute hâte aussi je cours,

Comme l'homme court depuis des siècles,
Devant Dieu, sans s'arrêter,
Devant Dieu, pour toucher l'homme.

15 août 1916

Dans les ténèbres tout s'élance — nomade :
Sur la terre ennuitée errance — des arbres
Le vin d'or en train de monter — aux grappes
De maison en maison tournée — d'étoiles
Les cours d'eau à rebours inclinent — à fuir
Et moi je veux sur ta poitrine — dormir.

14 janvier 1917

Je me souviens du premier jour, la férocité des
    nouveau-nés,
La brume divine des langueurs, et la gorgée,
L'insouciance totale des mains, le cœur qui manque
    de cœur,
Et qui tombe comme une pierre — ou un épervier
    — sur la poitrine.

Et puis voilà, dans les gestes de la pitié et de la
    fièvre,
Une seule chose : hurler comme un loup, une seule :
    se prosterner,
Baisser les yeux — comprendre — que le châtiment
    de la volupté
Est cet amour cruel, cette passion de forçat.

4 septembre 1917

J'ai fêté seule la nouvelle année.
Moi, riche, j'étais pauvre,
Moi, avec mes ailes, j'étais damnée.
Quelque part, beaucoup, beaucoup de mains
Serrées — et beaucoup de vins vieux.
Avec ses ailes, elle était damnée !
Et elle, l'unique était — seule !
Comme la lune — seule, sous le regard de la fenêtre.

31 décembre 1917

Dieu — a raison[1]
Par le pourrissement des joncs
Par les rivières desséchées
Par la clameur des estropiés

Par le voleur et la vermine
La peste et la famine
Par la honte puante
La foudre et la tourmente

Par le Verbe bafoué
Par cette année damnée
Par le tsar prisonnier
Par le peuple insurgé.

12 mai 1918

PSYCHÉ

Je reviens à la maison, non pour tromper
Ni pour servir — je n'ai pas besoin de pain.
Je suis ta passion, ta renouée du dimanche,
Ton septième ciel et ton septième jour.

Sur la terre, là-bas, on me donnait des sous,
On m'accrochait des meules de pierre au cou.
— Mon amour ! Est-ce possible que nous ayons vue
    distincte ?
Je suis ton hirondelle, ta Psyché.

Pour toi, mon très-chéri, des guenilles
Qui furent autrefois tendre chair,
Toutes ruinées, toutes lacérées,
Ne resteraient seulement que deux ailes ?

Revêts-moi de ta splendeur,
Sauve-moi, par pitié ;
Et les pauvres hardes poudreuses,
Porte-les à la sacristie.

13 mai 1918

Je vais te raconter — la plus grande duperie :
Je vais te raconter le brouillard qui saisit
Les jeunes arbres, les vieilles souches.
Je vais te raconter la clarté qui se couche
Dans les basses maisons, et aussi le tzigane
— Né d'Égyptes lointaines — qui sur sa flûte
    s'acharne.

Je vais te raconter — le plus grand des mensonges :
Je vais te raconter le couteau que l'on plonge,
Serré dans le poing, — le vent des temps qui s'em-
    pare
Des boucles des jeunes — et de la barbe des vieil-
    lards.

Vacarme des siècles.
Sabots claquant sec.

4 juin 1918

Mourante, je ne dirai pas : *j'ai été !*
Je ne geindrai pas, ne chercherai pas les coupables.
Il y a chose plus grave au monde
Qu'orage de passion, exploits d'amants.

Toi qui frappas de l'aile à mon sein,
Jeune garant de mon inspiration,
Je t'ordonne : *sois !*
À l'obéissance, je ne me déroberai pas.

30 juin 1918

J'ai dit. Un autre l'a entendu[1]
Doucement l'a redit. Le troisième l'a compris.
Avec son gros bâton de chêne, le quatrième est parti
Dans la nuit, accomplir un exploit,
Et le monde en a fait une chanson.
J'avance avec aux lèvres cette chanson,
Au devant de la mort, ô ma vie !

6 juillet 1918

Je suis la page sous ta plume.
Livre-moi tout. Page blanche,
Je garde en moi ton bien
Et te rends tout au centuple.

Je suis la glèbe, la terre noire.
Tu m'es le soleil et la pluie.
Tu es le seigneur et le maître, moi
Le terreau noir, la feuille blanche.

10 juillet 1918

Ma journée est absurde non-sens[1] :
Je demande au pauvre une aumône,
Je donne au riche généreusement.

J'enfile dans l'aiguille un rayon,
Je confie ma clef au brigand,
Et je farde mes joues de blanc.

Le pauvre ne me donne pas de pain,
Le riche ne prend pas mon argent,
Dans l'aiguille le rayon n'entre pas...

Il entre sans clef le brigand
Et la sotte pleure à seaux
Sur sa journée de non-sens.

29 juillet 1918

— Où sont les cygnes ?

                  — Les cygnes sont partis.

— Et les corbeaux ?

                  — Les corbeaux sont restés.

— Où sont-ils partis ?

                  — Là où s'en vont les grues.

— Pourquoi sont-ils partis ?

                  — Pour n'être pas plumés...

— Et papa où est-il ?

                  — Dors, dors, le Sommeil

Sur son coursier des steppes

                va venir nous chercher.

— Où nous emmènera-t-il ?

                  — Vers le Don des cygnes,

Là, tu le sais, se trouve mon cygne blanc.

9 août 1918

Les vers naissent comme les étoiles et les roses,
Comme la beauté dont la famille ne veut pas,
Et aux couronnes et aux apothéoses —
Une seule réponse : mais d'où me vient cela ?

Nous dormons — et à travers les dalles de pierre,
De l'hôte céleste percent les quatre pétales.
Sache-le, ô monde ! Le poète découvre dans ses rêves
La formule de la fleur et la loi de l'étoile.

14 août 1918

Dieu ! — Je vis ! — Dieu ! — Alors, tu n'es pas
  mort !
Dieu ! Nous sommes alliés, tous les deux !
Mais tu es un vieillard grincheux,
Et moi — un clairon sonore !

Dieu ! Tu peux dormir en paix dans l'azur de tes
  nuits,
Tant que je suis en vie — ta demeure tient bon !
J'aborde les tempêtes de front,
Je suis le tambour de tes troupes.

Je suis ton trompette. Au point du jour
Je sonne — le soir aussi.
Dieu ! Mon amour est un amour
Non de fille, mais de fils.

Regarde : tel un buisson ardent
Flambe ma tente militaire,
Je ne veux pas de remplaçant,
Je suis, Seigneur, ton volontaire.

Donne-moi du temps. Et la Reine des Guerriers
Ameutera les campagnes. Jusque-là,
Qu'on nous croie — moi chanteuse des greniers,
Et toi — d'un jeu de cartes le vieux Roi.

Même jeunesse et mêmes hardes
Et mêmes nuits autour du feu...
Sœurs — toutes les deux : ta guitare
Et ma lyre qui vient des dieux !

En tornade — âmes qu'on agite :
Ce même don est notre lot.
— Pillarde d'âmes. Fut mon titre
À moi aussi dès le berceau !

Sache, tordant tes bras de spleen :
Pas seule au travers des jours gris,
Tzigane au breuvage d'exil,
Des princes à griser l'esprit.

Pas seule au tranchant coutelas
— Sur lui, ton regard au sang lourd —,
Sache : une autre... Oui, sœurs — en la
Haute bassesse de l'amour[1].

Mars 1920

à S.E.

J'écrivais sur un tableau d'ardoise[1],
Et sur les feuillets d'éventails fanés,
Et sur le sable des mers et rivières,
D'un patin sur la glace, d'une bague sur le verre,

Et sur l'écorce des arbres centenaires...
Et, enfin, pour que nul ne pût ignorer
Que tu es aimé ! aimé ! aimé ! aimé !
Je signais d'un arc dans le bleu du ciel.

Je voulais tant que chacun d'eux fleurisse
Dans les siècles des siècles ! sous mes doigts !
Et après, le front penché sur la table,
J'ai barré tous les noms d'une croix.

Mais toi, qu'enserrent les doigts mercenaires
Du scribe ! Toi qui me mords le cœur !
Jamais trahi ! *À l'intérieur* de la bague[2] !
Tu resteras pour toujours dans la table des lois.

16 mai 1920

Clouée au pilori du déshonneur
Selon l'ancienne conscience des Slaves,
Marquée au front, un serpent dans le cœur,
Je vous l'affirme : je suis innocente.

Je l'affirme : en moi je porte une paix
De communiante avant la communion,
Je n'ai pas choisi de tendre la main,
De mendier le bonheur sur les places.

Fouillez tous mes biens et tous mes trésors,
Dites — suis-je donc devenue aveugle ? —
Où est mon argent ? Où est-il, mon or ?
Au creux de ma main ne reste que cendre !

C'est là tout ce que — caresse et prière —
J'aurai soutiré des êtres heureux,
Et c'est avec moi tout ce que j'emporte
Au pays des baisers muets.

19 mai 1920

Mains croisées sur mon corps vivant,
Je mourrai sans communion.
C'est toute mon âme qui se fend,
Tout ce qui pour moi va à vau-l'eau.

Tu voudrais bien toi savoir
Pourquoi je suis ainsi punie.
Regarde le ciel par la fenêtre,
Tout de moi y est dit.

Juin 1920

CHANSON

Hier encore ses yeux cherchaient les miens,
À cette heure son regard est ailleurs !
Hier encore chez moi jusqu'aux oiseaux :
L'alouette à cette heure m'est corbeau !

Moi je suis niaise, tu es l'esprit,
Je suis inerte, toi tu es la vie.
Ô le cri des femmes de tous les temps :
« Mon bien-aimé, qu'est-ce que je t'ai fait ? »

Larmes et sang pour elle sont de l'eau —
Elle se lave dans le sang, les larmes !
L'amour est une méchante marâtre :
N'espère de lui justice ni grâce.

Les navires emportent les amants,
La route blanche avec elle les mène...
Et la terre entière gémit :
« Mon bien-aimé, qu'est-ce que je t'ai fait ? »

Hier encore, il se traînait à mes pieds,
Me comparait à l'Empire de Chine —
D'un seul coup ses mains se sont grand ouvertes,
Ont lâché ma vie comme un sou rouillé.

Debout, mal défendue et mal aimée,
Pour les juges comme une meurtrière,
Je le dirai, même dans l'enfer :
« Mon bien-aimé, qu'est-ce que je t'ai fait ? »

Je questionne le fauteuil et le lit :
« Pour quel crime suis-je suppliciée ? »
« Fini l'amour de toi, disent-ils, vient
La torture : d'une autre c'est le tour. »

Tu m'as appris à vivre au cœur du feu,
Et tu m'as jetée dans la steppe glacée !
C'est ça que *toi* tu m'as fait, bien-aimé,
Mais *moi*, bien-aimé, que t'ai-je donc fait ?

Je sais tout, assez, cesse de nier !
À nouveau lucide et plus ta maîtresse !
Là où l'Amour à sa place renonce,
Passe à l'attaque la Mort-jardinier.

Pourquoi secoue-t-on l'arbre ? Toute seule,
À son heure, la pomme tombera...
« Pardonne, pardonne-moi pour tout, pour
Tout ce que je t'ai fait, mon bien-aimé ! »

14 juin 1920

Je le sais, je mourrai au crépuscule, ou le matin ou
le soir !
Auquel des deux, avec lequel des deux — ça ne se
commande pas !
Ô s'il était possible que mon flambeau s'éteigne
deux fois !

Je suis passée sur terre d'un pas de danse ! — Fille
du ciel !
Un tablier plein de roses ! — Sans écraser les jeunes
pousses !

Je le sais, je mourrai au crépuscule, ou le matin ou
le soir !
Dieu n'enverra pas une nuit d'épervier pour mon
âme de cygne !

D'une main douce, j'écarterai la croix sans l'embras-
ser,
Je m'élancerai dans le ciel généreux pour un dernier
salut.

105

La faille du crépuscule, ou le matin ou le soir — et la coupure du sourire...

— Car même dans le dernier hoquet je resterai poète !

Décembre 1920

Tous couchés en rangs[1]
Sans partage.
À bien voir les soldats,
Où sont les nôtres ? Et les autres ?

Il était Blanc — le voilà rouge
Rouge de sang.
C'était un Rouge — le voilà blanc
Blanc de mort.

1920

Âme, tu ignores toute mesure,
Âme fustigée, âme mutilée,
Tu as le languir du fouet.
Âme qui accueille son bourreau,
Comme le papillon s'arrache à la chrysalide !
Qu'on ne brûle plus les sorciers,
Cette offense, tu ne peux la porter !
Fumant sous le cilice
Comme un haut brandon de résine,
Stridente hérétique,
— Sœur de Savonarole,
Âme, l'égale du bûcher !

1921

À MAÏAKOVSKI[1]

Plus haut que les croix, les cheminées,
Baptisé de fumée et de feu,
Archange poids-lourd au pas pesant,
Salut dans les siècles, Vladimir !

Il est le cocher et le pur-sang,
Il est la lubie, il est le droit.
Il soupire et crache dans ses paumes :
« À nous deux, la gloire charretière ! »

Chantre des miracles de trottoir,
Bonjour, orgueilleux salopard,
Qui préfère le poids du caillou
Aux séductions du diamant.

Bonjour, tonnerre de pavés !
Il bâille, il te salue, et, voilà
Qu'il rame à nouveau du brancard, de
L'aile d'un archange-charretier.

18 septembre 1921

LA MUSE[1]

Ni missives, ni ancêtres,
Ni faucon messager.
Elle marche et s'arrache,
La voilà — si lointaine.

Sous ses sombres paupières
Une flamme aux ailes d'or,
Et de sa main tannée,
Elle prend tout — puis oublie.

Et le pan de sa robe
Déchirée est à vif.
Ni bonne, ni méchante,
Vague, distante,

Elle ne pleure ni ne crie,
S'il prend, le bon — c'est lui !
Et de sa main tannée
Elle donne tout — puis oublie.

Elle oublie et ils filent
De sa gorge les sons rauques.
Mon Dieu, garde-la bien,
Elle — si froide, si lointaine !

19 novembre 1921

AMAZONES

Seins de femmes ! Souffle figé de l'âme
Essence de femmes ! Vague toujours prise
Au dépourvu et qui toujours prend
Au dépourvu — Dieu voit tout !

Lice pour les jeux du délice ou de la joie,
Méprisables et méprisants. — Seins de femmes !
Armures qui cèdent ! — Je pense à elles...
L'unique sein, — à nos amies !...

5 décembre 1921

Après la Russie[1]

BERLIN

Il est une heure pour les mots[1].
Depuis les mutismes insensibles
la vie transmet
hautement ses droits.

Peut-être — à cause de l'épaule
serrée par un front.
Peut-être — à cause d'un rayon
invisible le jour.

Pour une corde vaine,
restes — geste vers un drap.
Tribut à sa peur
et à ses restes.

Heure des brûlantes iniquités,
— et des demandes chuchotées.
Heure des fraternités sans terre.
Heure des orphelinages du monde.

11 juin 1922

115

Mots murmurés la nuit : soie —
Main éparpillante.
Mots murmurés la nuit : soie —
Lèvres qui déplissent.
                              Comptes
De toutes jalousies diurnes
                        et éclat
De toutes vieilleries — et serrant les dents —
Et, un vers, là,
Débat —
Dans le bruissement...

Et une feuille
Au carreau...
Et, premier chant d'oiseau.
— si pur ! — Et soupir.
Pas le bon. — C'est plus là.
Elle non plus.
Et
Haut le corps.

Rien.
Du vent.
Fin.
Comme absent.

Et dans cette vanité des vanités
Tranchante, l'aurore.

17 juin 1922

Bonjour ! Non pas flèche, ni pierre :
Moi ! — Vie ! De par les femmes
Vive ! Par mes deux mains
En ton sommeil insatisfait.

Donne ! (Mais en la langue si fine :
Tiens ! — bifide finesse de serpent !)
Toute, en ma joie de seuls cheveux
Parée, Prends-moi !

Étreins-moi ! Aujourd'hui le monde est neuf,
— Étreins-moi ! — En traîneau ! — Étreins !
   — Trame, lin !
J'ai aujourd'hui une nouvelle peau :
Toute d'or rehaussée, septième !

— miens ! — Et de quels mérites est-ce
Le paradis. — Quand dans mes mains, Quant à mes
   lèvres :
C'est la vie : joie éclose large —
Se saluer dès le matin !

25 juin 1922

Pour certains — ce n'est pas une loi.
À l'heure où le sommeil
est juste, quasiment sacré,
certains ne dorment pas.

Ils scrutent — et dans le plus
secret des pétales, ce n'est pas toi !

Pour certains — ce n'est pas un code :
à l'heure où toutes les lèvres
ont la sécheresse des dernières discordes —
certains ne boivent pas :

ils s'absorbent — le poing
fermé — dans les sables !

Pour certains, sans grimaces —
la vie est chèrement donnée.

25 juin 1922

PRAGUE

Cheveux blancs

Ce sont les cendres d'un trésor
— Tant de pertes,
tant d'offenses —
Quel roc ne s'effrite et s'abat
Devant de telles cendres.

La colombe éclatante et nue
À nulle autre appariée.
La sagesse de Salomon
Sur toutes les vanités.

Redoutable blancheur, craie
D'un temps sans déclin.
Mais si le feu brûlait mes murs
Dieu se tenait à mon seuil !

Délivré de tous les fatras,
Maître des songes et des jours,
Flamme née de ce blanc précoce
L'esprit monte droit !

Non vous ne m'avez pas trahie,
Années, ni prise de revers !
En ces cheveux déjà blancs
C'est l'éternité qui l'emporte.

27 septembre 1922

Fils télégraphiques[1]

Non, nulle magie ! Dans le livre blanc
Du Don lointain je plonge mon regard.
Où que tu sois, partout je t'atteindrai,
À tant souffrir je te ramènerai.

Du haut de mon orgueil comme d'un cèdre
J'embrasse le monde : des bateaux passent,
Le ciel s'enflamme... Je retournerai
La mer en ses fonds pour t'arracher à elle.

Souffre donc plus que moi ! Je suis partout,
L'aurore et le fer, les blés, le soupir,
Je suis et je serai et j'atteindrai
Tes lèvres comme Dieu vous prend l'âme.

À travers ton souffle à l'instant des râles,
Fendant les haies du tribunal céleste,
Je meurtrirai mes lèvres à leurs ronces
Et t'arracherai à ton lit de mort.

Rends-toi ! Car c'est pour de bon cette fois !
Rends-toi ! Quand la flèche a décrit son cercle.
Rends-toi ! Car jamais personne n'échappa
Aux plus immatérielles des étreintes.

Par ton souffle... (la poitrine haletante,
Les yeux aveugles et les lèvres froides...)
Je serai la prophétesse évoquant
Samuel et je reviendrai seule.

Car une autre est là, le jour du Jugement
Nul ne plaide...
     Je me tords et m'étire,
Je suis et je serai et j'atteindrai
Ton âme comme la mort prendra ta bouche
Pour te donner sa paix.

23 mars 1923

Sans me lasser, comme caillasse
Que l'on casse, sans me lasser
Comme on attend venir la mort,
Venir la rime, sans me lasser

(Comme l'otage dans ses chaînes
Attend venir la souveraine)
Sans me lasser, comme on caresse
Sa vengeance, sans me lasser —

Je t'attendrai (Plombe paupières.
Dents contre lèvres. Roidie. De pierre.)
Sans me lasser, comme l'on berce
Sa tendresse, sans me lasser

Comme des perles que l'on perce,
Sans me lasser, comme des ongles
Que l'on ronge, sans me lasser
Je t'attendrai — Grince un traîneau,

Crisse la glace. Grincent des gonds :
La taïga gronde et s'engouffre.
Rescrit suprême : Prince nouveau,
Nouveau royaume, entrez altesse.

Et sous mon toit :
Pas ici-bas —
Mais bien chez moi.

27 mars 1923

Dieu[1]

1

Visage sans image
Sévérité — Séduction.
Ceux qui ont partagé les vêtements
En toi se sont accordés.

Chute de feuilles,
Éboulis de cailloux.
Tous ceux qui criaient
En toi se sont tus.

Victoire sur la rouille
— En sang — en acier.
Ceux qui gisaient — tombés,
En toi se sont — levés.
....

1ᵉʳ octobre 1922

126

Orpheline chanson
De pauvres, de colombes !
Ne sont-ce pas tes vêtements,
Étendus sur les ramures ?
        Course des taillis, des fourrés ?

Livres et temples rendus
Aux hommes — Un tourbillon !
Les forêts de pin fuient,
Telle une garde secrète :
Nous te cacherons,
        Nous ne te donnerons pas !

Trace de plume d'oie
Bénie — la terre avant la nuit !
Même sur le tremble — parti :
Pardonnée — même pour son Fils !

        Les pauvres chantaient : la forêt
        Est noire, si noire !
        Les pauvres chantaient :

La dernière croix est jetée
Hors des églises
                    — Dieu est ressuscité.

4 octobre 1922

3

Oh, vous ne l'attacherez pas
À vos pesanteurs et marques !
Lui, comme un souple gymnaste,
Par le trou d'une serrure...

Par les ponts qui s'écartent,
Et les volées de migrateurs,
Par les pilots télégraphiques
Dieu s'en va ! Il nous quitte !

Oh, vous ne lui apprendrez pas
À rester, fixé au destin !
Dans le marais stagnant des sentiments
Il est une blanche débâcle.

Oh, vous ne le rattraperez pas !
Dieu ne fleurit pas en bégonia
Dans un support domestique
Sur le rebord de la fenêtre !

Tous, sous les toits voûtés
Attendaient l'appel et l'architecte,
Poètes et astronautes —
Tous perdaient espoir.

Car il est mouvement et élan,
Et le livre de la voûte céleste
Tout entier : depuis A jusqu'à Z —
N'est que la trace de son manteau !

5 octobre 1922

ÉMIGRANT

Vous êtes ici entre vous : maisons, monnaies,
　　fumées,
Et les femmes, et les idées,
Sans réussir à vous aimer, sans réussir à vous unir,
Alors, celui-ci ou celui-là, —

Comme Schuman avec le printemps sous son man-
　　teau :
— Plus haut ! Toujours plus haut !
Alors, comme le trémolo en suspens d'un rossi-
　　gnol —
Cet élu ou tel autre,

Le plus craintif —, car vous avez d'abord relevé la
　　tête,
Puis léché les pieds !
Perdu parmi les hernies et les harpies,
Dieu, dans les lieux de perdition.

Puis un de trop ! Il vient d'en haut ! Un ressortissant !
Un défi ! Et qui n'a pas perdu l'habitude... De voir

Trop haut... Qui refuse les potences... Parmi
Les déchets de devises et de visas...

                                        Un ressortissant.

                                3 février 1923

Le poète[1]

1

Il commence de loin son discours, le poète
Il l'emmène loin, son discours, le poète.

Planètes, marques, chemins détournés,
Ravins de paraboles... Entre *oui* et *non*.
Et même jeté du haut d'un clocher,
Il fera un détour... Car sa voie de poète

Est celle des comètes. Rompus les liens
D'effets, de causes — telles sont ses mailles.
Le front dressé — aucun espoir ! Les éclipses
Des poètes ne sont pas dans les calendriers.

Il est celui qui brouille les cartes,
Mélange les poids, mêle les chiffres,
Il *interroge* le maître, lui — le disciple,
Et il bat Kant à plates coutures,

Dans le cercueil de la Bastille
Il s'épanouit : toute la splendeur
D'un arbre en fleurs... Il est celui

Dont on a tous perdu la trace,
Le train toujours manqué

                — Car sa voie de poète —

Est celle des comètes : pour chauffer
Il consume, pour pousser — il déchire !
Explosion, effraction — la route
Une courbe échevelée...

             mais pas dans les calendriers !

8 avril 1923

2

Il y a au monde des hommes en trop,
Des superflus, pas dans la norme.
(Sortis des dictionnaires et répertoires,
Ils ont une fosse pour demeure.)

Il y a au monde des gens creux, muets,
On les rejette comme du fumier
Ils sont un clou dans la chaussure,
Ils éclaboussent vos pans de soie !

Il y a au monde des menteurs :
(Ou invisibles, marqués de lèpre)
Ils sont, au monde, semblables à Job
Envieux de son destin s'ils le pouvaient...

Nous les poètes, nous rimons
Avec *paria*, mais sortis de nos berges
Nous disputons leurs dieux aux déesses
Et aux dieux des vierges-princesses !

22 avril 1923

3

Que peuvent faire le bâtard et l'aveugle
Dans un monde où chacun
A son père et des yeux ? Où passions
Et jurons traînent sur tous les remblais,
Où les larmes s'appellent rhumes de cerveau ?

Qu'ai-je à faire moi, chanteuse de métier,
Sur un fil, glace, soleil, Sibérie !
Obsessions, danses et chants sur les ponts
Moi légère, dans ce monde
                    de poids et de comptes ?

Qu'ai-je à faire moi — chanteur et premier-né,
Dans ce monde où l'on met les rêves en conserves,
Où le plus noir est gris... Un monde de mesure
    Avec mon être — tout de démesure !

22 avril 1923

C'EST AINSI QU'ON ÉCOUTE

1

C'est ainsi qu'on écoute (l'embouchure
écoute la source).
C'est ainsi qu'on sent la fleur :
profondément — à en perdre le sens !

C'est ainsi que dans l'air, qui est bleu,
la soif est sans fond.
C'est ainsi que les enfants dans le bleu des draps
regardent dans la mémoire ;

C'est ainsi que ressent dans le sang
l'adolescent — jusqu'alors un lotus.
... C'est ainsi qu'on aime l'amour :
on tombe dans le précipice.

2

Mon ami ! ne me reproche pas
ce regard, affairé et blafard.
C'est ainsi qu'on engorge une gorgée,
profondément — à en perdre le sens !

C'est ainsi qu'en s'accoutumant au tissu
le tisserand tisse ses dernières trames.
C'est ainsi que les enfants pleurant leurs pleurs
chuchotent les chuchotements.

C'est ainsi qu'on danse... (Dieu
est grand — tournez donc !)
C'est ainsi que les enfants criant les cris
taisent leur silence.

C'est ainsi que le sang touché par les crocs
languit sans venins !
C'est ainsi qu'on gémit d'aimer :
on tombe dans — tomber.

3 mai 1923

LA NUIT

Heure des sources dénudées,
heure où l'on regarde les âmes — comme dans les
   yeux.
Ce sont les écluses béantes du sang !
Ce sont les écluses béantes de la nuit !

Le sang a jailli, à l'instar de la nuit,
le sang a jailli, à l'instar du sang,
la nuit a jailli ! (Heure des sources auditives :
quand le monde entre dans nos oreilles, comme dans
   les yeux !)

Rideau tiré sur le visible !
Accalmie perceptible du temps !
Heure où, disloquant l'oreille, comme la paupière,
nous ne pesons plus, ne respirons plus : nous enten-
   dons.

Le monde s'est retourné, tel le pavillon
entier de l'oreille : absorbant les sons

avec le pavillon — avec l'âme entière !...
(Heure où l'on se blottit dans les âmes, comme dans
les bras !)

12 mai 1923

SE FAUFILER

Mais la plus belle victoire
sur le temps et la pesanteur —
c'est peut-être de passer
sans laisser de trace,
de passer sans laisser d'ombre.

Sur les murs...
              Peut-être, subir
un refus ? Être rayée des miroirs ?
Ainsi : Lermontov dans le Caucase
s'est faufilé sans alarmer les rochers.

Mais, peut-être, le meilleur amusement
du Doigt de Sébastien Bach
est-il de ne pas toucher de l'orgue l'écho ?
Se disloquer, sans laisser de cendres

dans l'urne...
            Peut-être — subir
une tromperie ? S'exclure des vastitudes ?

Ainsi : se faufiler à travers
le temps, comme l'océan, sans alarmer les eaux...

14 mai 1923

DIALOGUE DE HAMLET AVEC SA CONSCIENCE

Par le fond, où sont le limon...
Et les algues... Elle est allée dormir,
Là, — et pas de sommeil, même là !
— Mais moi je l'aimais,
    Plus que quarante mille frères
    Ne peuvent l'aimer !

                  — Hamlet !
Par le fond, où sont le limon...
Le limon !... Et sa dernière couronne
Est venue se poser sur les troncs, là...
Mais, moi, je l'aimais,
— Plus que quarante mille...

             Moins
Quand même, qu'un seul amant.
Par le fond, où sont le limon...
— Mais, moi, je —

           l'aimais...

5 juin 1923

143

LE RENDEZ-VOUS

Au rendez-vous donné je viendrai
En retard. Je tiendrai sous mon bras
Le printemps. Mes cheveux seront gris.
Tu me l'avais fixé sur les cimes !

Je marcherai pendant des années,
Comme avant Ophélie aime l'algue !
Traverser les montagnes, les rues,
Traverser les âmes et les mains.

Longue à vivre la terre ! Broussaille
De sang ! Chaque goutte une lagune.
Mais parmi l'herbe amère à jamais
Ruisselle la face d'Ophélie.

Là, par les galets, gorgée de vase
Pour une gorgée de passion !
Je t'avais si hautement aimé :
Je me suis dans le ciel inhumée !

18 juin 1923

LA LUNE AU LUNATIQUE

Les embobelineurs resteront.
Plus loin, le firmament.
À l'heure de l'ultime évanouissement
Ne reprends pas conscience.

Le somnambule et le génie
N'ont pas d'amis.
À l'heure de l'ultime lucidité
N'ouvre pas les yeux.

C'est moi ta vue. L'œil
De chouette des toits.
Ils t'appelleront par ton nom :
N'entends pas.

C'est moi ton âme : Uranie,
La porte des dieux.
À l'heure de l'ultime fusion
Ne vérifie pas.

20 juin 1923

L'heure de l'âme

1

En cette heure profonde de l'âme et de la nuit,
Hors cadran,
Je regardais un adolescent — ses yeux,
Pour les nuits de personne encore, deux

Lacs retenus,
— Sans mémoire —
Ils reposent...
                    Depuis eux
Ta vie commence.

Regard de louve grisonnante,
Dans ce mauvais grain mûri — Rome !
Maternité d'une roche qui songe...
Mon abandon n'a pas de nom...

Et déchiré le tégument
— Ce qui se perd donne richesse —
Ainsi autrefois au-dessus d'une corbeille
De roseaux cette fille d'Égypte

Qui se penche...

14 juillet 1923

2

Dans l'heure profonde de l'âme,
Dans la profonde — nuit...
(Le pas géant de l'âme,
De l'âme dans la nuit.)

En cette heure, âme, domine
Les mondes où tu exiges
Régner — palais de l'âme,
Âme cime.

Rouillent les lèvres et chutent
Les cils comme neige fine.
(Soupir d'atlante de l'âme,
De l'âme — dans la nuit...)

En cette heure, âme, ténèbres
Du regard où tu montes telle
Véga... Plus doux fruit,
Âme, arde.

Arde, attriste :
Croître : cime.

8 août 1923

3

Il est l'heure de l'Âme comme une heure de Lune,
De hibou, heure des ténèbres, des brumes —
Heure de l'Âme comme heure de la corde
De David dans le sommeil

De Saül... Tremble en cette heure,
Vanité, ôte ta pourpre !
Heure de l'Âme comme heure d'orage,
Enfant, cette heure est mienne.

Heure des notes les plus secrètes
Du cœur. Déversoir !
Toutes les choses désassemblées,
Tous les secrets des lèvres

Tombés.

Et des yeux — tous les voiles ! Tous les pas
En arrière ! Sur les lignes pas
De notes ! Heure de l'Âme comme heure du Mal,
Enfant, et cette heure — frappe.

Mon malheur ! — Ainsi sera dit.
Ainsi sous le bistouri
Martyrs, enfants et mère
Protestent : « Vivre pourquoi ? »

Et sa paume apaise
La fièvre : « Allons — couche-toi. »
Oui, heure de l'Âme comme heure de lame,
Enfant, et ce couteau — c'est bon.

14 août 1923

INCLINAISON

Maternelle — perçant le somme — l'oreille.
Pour toi, j'ai une inclinaison de l'ouïe,
De l'esprit — pour le souffrant : ça brûle ? Oui ?
Pour toi, j'ai une inclinaison du front,

Guettant patient une foi-son des monts.
Pour toi, j'ai une inclinaison du sang
Au cœur, du ciel — aux îles de langueurs.
J'ai, pour toi, la pente des rivières,

Des siècles celle... La pente claire de tout oubli pour
Le luth, de l'escalier pour les jardins, de la
Feuillée de saule pour la déroute
J'ai, pour toi, l'inclinaison de toute

Étoile pour la terre (tension natale
De l'étoile pour l'étoile) — de l'étendard
Pour le laurier des sépultures endurées.
J'ai, pour toi, l'inclinaison d'une aile,

Des veines celle... L'attirance d'une chouette pour
Son creux, celle des cheveux pour le chevet
Des tombes, — dormir, ma si ancienne aspiration !
J'ai, pour toi, l'inclinaison des lèvres

Pour leur source...

28 juillet 1923

LA COQUILLE

De la léproserie du mal et du mensonge
Je t'ai libéré, emporté avec moi dans

Les aubes ! Je t'ai sauvé du sommeil des tombes,
Je t'ai pris entre mes mains, entre ces deux paumes

De coquillage : que, calme, tu y grandisses,
Qu'entre ces deux paumes-là, tu deviennes perle !

Ô, ni chah ni cheik, nul ne saurait acheter
Cette secrète joie, cette secrète peur

De coquillage... La plus belle fille, fière
De pénétrer dans tes profondeurs, ne saurait

Te faire sien comme cette voûte de mes
Deux mains, comme cette coquille impénétrable

Qui ne cherche point à te posséder... Dors ! Toi,
Félicité secrète de ma peine. Dors !

La coquille t'embrasse, te cachant les terres
Et les mers, la coquille t'entoure et t'enferme :

À droite et à gauche, au-dessus et au-dessous,
C'est la demeure berceuse du coquillage.

L'âme ne te cédera pas aux jours qui passent !
Chacune de tes douleurs, elle l'efface et

L'étouffe... Sa paume fraîche caressant et
Tiédissant les foudres cachées, les caressant

Et les multipliant... Aie l'espoir ! Ô, mûris !
Quand tu sortiras de l'abîme, tu seras

Perle ! Alors, dès que retentira l'appel : —
Sois ! — et s'ouvrira le sein supplicié de

La coquille. — Qu'on ouvre en grand tous les
    volets ! —
N'importe quel martyr est à la mesure d'une

Mère... Pourvu que, t'arrachant à ta prison,
Tu puisses tout entier boire les océans !

31 juillet 1923

Madeleine[1]

1

Entre nous — dix commandements
Dix feux ardents, l'horreur
D'un sang commun. Mais pour moi,
Tu es un sang étranger.

Aux temps des évangiles
J'eusse été une autre
(Sang de l'autre, — le plus étranger
Le plus ardemment désiré.)

Vers toi, de toutes mes faiblesses
J'aurais rampé — Et claire
Ma robe ! Que coule l'huile
Cachant mes yeux de diablesse

Sur tes jambes, sous tes pieds,
Dans le sable... Et pour rien...
Coule, passion dilapidée
Méprisée et vendue aux marchands !

Lèvres gercées, yeux en pleurs,
De tous mes désirs — la moiteur
J'enroule une fourrure
Autour de tes pieds — ma chevelure.

Je m'étends — tapis rare — sous tes pieds
N'es-tu pas (moi je suis), Celui qui a dit :
À la créature aux boucles de feu :
— Lève-toi, ma sœur !

26 août 1923

2

Robes payées trois fois leur prix
Passion moites. Larmes. Cheveux
Tout n'est qu'onde ruisselante
Et de L'Autre, — le regard béni,

Abaissé. Vers la glèbe
Rouge et sèche, son doigt
« Madeleine, ô Madeleine
Ne te dépense pas ainsi ! »

31 août 1923

3

Mystère — tes voies, accompli — ton destin.
Je ne veux les sonder. Ô ma douce !
J'étais nu et tu m'as revêtu
D'un flot doux de cheveux
    Et de larmes.

Pour la myrrhe, les parfums
Le prix est payé :
J'étais nu et tu m'as revêtu
De la vague de ton corps,
Tel un mur.

    De mes doigts je frôlerai,
    Doux comme l'herbe, frais comme l'eau,
    Ton corps nu.
    J'étais droit, tu m'as percé
    D'inclinaison
    Et — sans lin enveloppé.

Dans tes cheveux lange-moi
Sans linceul ! Dans ce creux,
Qu'ai-je à faire de la myrrhe,
Comme une vague, tu m'as ondoyé.

31 août 1923

Depuis cette montagne, comme du toit
du monde, dont le versant va au ciel.
Mon ami, je t'aime au-delà
des mesures — et des sentiments.

Des témoins je me cacherai
dans un nuage ! Je te mangerai avec la cendre.
... Depuis cette montagne, comme depuis la Troie
des murs rouges.

Passions : louange des morts,
honte à ceux qui sont.
Ainsi le roi Priam
regardait la bataille.

Les fondations se sont écroulées —
L'incendie ? Le sang ? Le nimbe ?
Eux aussi regardaient Troie,
tous ceux de l'Olympe.

Non, depuis la niche fraîche
une vierge, mains levées...
Mon ami, je t'aime au-delà —
Entends-le — et — lève-toi !

30 août 1923

LE RAVIN[1]

1

Fond — du ravin.
La nuit fouille —
D'une souche. Frissons des sapins.
De serments — pas besoin.
Couche-toi — moi aussi.
Avec moi — te voilà
Vagabond.

Dans le relent du lit,
Boire goutte à goutte la nuit,
C'est s'étouffer ! Bois
À satiété ! Pur est
L'obscur. Dieu — gratuit,
Comme embrasser l'abîme !

(L'heure — laquelle ?)
De derrière les rideaux — la nuit,
C'est peu la connaître !
Mais comme les canailles,
Comme les sommets.
(Chacune de nous est
Le Sinaï la nuit...)

2

Jamais tu ne sauras ce que je brûle, je perds
(Syncope des cœurs !)
Sur ton sein tendre, ardent et creux,
Mon adorable fier.

Jamais tu ne sauras de quels orages
Non-nôtres — tu as baisé les pas !
Ni montagne ni ravin, ni mur ni remblai :
Pour l'âme — un passage !

Non, n'écoute pas ! Le mercure du délire
Maladif... Ses paroles torrentielles...
N'y rien voir, tu fais bien. De semblables victoires
— En tombent les bras !

Non, ne regarde pas ! Sous le feuillage,
Avec qui — et si l'on dort ou non ? !
N'y rien voir, tu fais bien. Seuls les nuages
Poursuivent la pluie oblique !

Couche-toi — moi aussi. Oh, c'est bien ! Oui, très
bien !

Comme corps à la guerre —
En ordre et en rang. (Le ciel dort, dit-on,
Au fond du ravin !)

Dans cette folle fuite d'arbres insomniaques,
Quelqu'un à mort est battu.
Que ta victoire soit défaite — *des légions*,
Jeune David, le sais-tu ?

10-11 septembre 1923

LIEUX NOCTURNES[1]

(Suite naturelle des RAVINS)

Pont : plus sombre des lieux
Nocturnes. — Bouche à bouche ! —
Faut-il vraiment qu'on pousse
Sa croix en un si mauvais lieu :

Là : dans le gaz hilarant
De l'œil du quinquet... Sodome tarifé ?
Sur ce lit, où avant nous — *chacun ?*
Sur ce lit, où *pas*-à-deux — aucun...

Vacillera le quinquet.
La conscience, qui sait, dormira !
(Mort — plus paisible des lieux
Nocturnes !) Mieux vaut que ces

Enlacements tarifés — l'eau !
Plus lisse que ces draps — l'eau !
S'aimer — le malheur, la lubie !
Là, dans ce bleu transi !

Quand entrer en des temps
De foi ! — Mains entrelacées !
(Un fleuve pour des corps c'est léger,
Et dormir, que vivre, c'est mieux.)

Amour : trembler jusqu'aux os,
Amour : brûler jusqu'au blanc...
... L'eau — aime les fins,
Le fleuve — aime les corps.

4 octobre 1923

DEUX[1]

Là où chacun
Est bave et bosse
J'en sais un — qui
A même force.

Là où tous n'ont
Que vains espoirs
J'en sais un — qui
A même pouvoir.

Là où tout n'est
Que rouille et rance
Toi seul — tu es
De même essence

Que moi.

3 juillet 1924

LE CHÂLE

Gravée en nous — comme lèvres d'oracle —
Ta bouche prédisait.
Femme, que caches-tu aux gardes
Entre langue et palais ?

Tes yeux : trous ouverts sur l'éternité,
À pleins seaux sur nos têtes !
Femme, quelle fosse as-tu donc creusée —
Et de gazon couverte ?

Flanquée de cent totems — l'idole oublie
Un peu sa démesure.
Femme, qu'arrachas-tu à l'incendie
Des passions nocturnes ?

Femme, tu t'étends et tu creuses
Sous tes châles d'énigmes.
Sapin qui s'isola — telle une bienheureuse —
Dans la brume des cimes.

Abouchée aux racines — ton âme,
Je l'interroge ainsi qu'une qui dut mourir...
Qu'y a-t-il sous ton châle, ô femme ?
— L'avenir !

8 novembre 1924

L'AMOUR[1]

Coup de poignard ? Éclair de feu
Plus simple, voyons, plus doux,

Douleur connue au flanc
Comme la paume aux yeux,
Aux lèvres — le nom de son propre enfant.

4 décembre 1924

À *la vie*

1

Pas pour toi le feu de mes joues —
Flot qui déborde de son gîte !
En vain tu me chasses partout :
Tu es poursuite — je suis fuite.

Pas pour toi mon âme vivante !
Ainsi, au grand galop fuyant,
Il se penche soudain — et plante
Dans sa veine un croc — le pur-sang

D'Arabie.

25 décembre 1924

2

Pas pour toi mon âme vivante —
Flocon fuyant que rien n'arrête.
Vie et duperie riment ensemble :
Infaillible — l'ouïe du poète !

Point ne suis née — pour cent ans vivre.
Laisse-moi fuir vers d'autres rives !
Vie — tu rimes avec : vice.
Vie : l'asservie ! Vie : serre-vis.

Aux chevilles — anneaux féroces :
La rouille pénètre dans l'os.
Vie : lames tranchantes — où danse
L'amante.
        — Avec quelle impatience !

28 décembre 1924

Limaces rampantes des jours,
... Ouvrière cousant les lignes...
Qu'ai-je à faire de ma propre vie ?
Elle n'est pas à moi puisqu'elle n'est pas à toi.

Je ne me soucie guère de mes ennuis
Personnels... — Que manger ? Où dormir ?
Qu'ai-je à faire de mon corps mortel ?
Il n'est pas à moi puisqu'il n'est pas à toi.

Janvier 1925

Il n'est pas mort, il vit,
Le démon, dans mon corps
Comme à fond de cale,
En soi, comme en prison.

Le monde n'est que murs.
Pour seule issue : la hache.
(Le monde est une scène,
Murmure l'acteur.)

Il ne ment pas,
Le bouffon aux pieds tors.
Dans le corps : dans la gloire,
Son corps est une toge.

Longue vie !
Réjouis-toi de vivre !
(Seuls les poètes portent
Leurs os telle une imposture !)

La confrérie chantante ne sait pas
Endosser le corps
Comme la robe de chambre
Fourrée de papa.

Nous valons mieux.
Au chaud nous dépérissons.
Dans le corps : dans l'étable,
En soi : dans un chaudron.

Nous n'amassons pas
Les splendeurs périssables.
Le corps est un marais,
Le corps est un caveau.

Dans le corps : dans l'extrême
Exil. Tu t'étioles !
Dans le corps : au secret.
Entre les tempes : dans l'étau

D'un masque de fer.

5 janvier 1925

Pas un carrosse du tonnerre :
Mais deux regards qui se croisèrent.

Pas de Babylone tombée :
Juste deux âmes affrontées.

Pas un orage au Pacifique :
Rien que des flèches entre Scythes.

16 janvier 1925

Des villages natals[1],
Illusions, apparitions :
Que le train avance, file,
Et nulle part ne s'arrête,

　　Qu'il n'arrive nulle part :
　　Lieux déserts et vidés,
　　Ou fouettés par le vent
　　Inhabités et vacants...

Vide ma tête, plus rien,
Ni personne, ni foyer,
Le moisi sédentaire
Comme le cygne, emporté.

　　Vague terrestre, courants d'air
　　Écroulées les idées
　　File, avance, mon train
　　Sans jamais un coup de frein !

Et surtout ne pas prendre
De racine, ni vivre avec.
Dans cette vie maudite,
Siffle, souffle le vent !

Que le train démolisse
Comme le cygne des chansons,
Les murailles et les prés
Et que le vent siffle,
Aussi fort et plus vite.

Et les champs féodaux
Intouchés des ancêtres.
Fonce plus vite, mon train,
Sans jamais regarder.

Sans les chants vénérables
Des endroits bien aimés,
Brest ou -stok[1], le passé
File, mon train, sans écouter.

Ne jamais s'endormir.
Arbres fuyant en arrière,
Les oiseaux arrachés,
Et tombés de leurs nids.

Pas une nuit et pas deux
Toujours loin du royaume,
Sans jamais m'arrêter,
Oh, vers toi, que mon train
m'emporte !

Fin mai 1925

Le poème de l'air[1]

Le distique primordial,
On le cloue on l'a cloué.
Platement la cloison s'est apaisée,
Derrière la porte, qui patiente
Rigide comme branche de sapin
Décorant une entrée — veuves, dites-nous en
L'usage ! — immobile se tient
L'hôte que le maître a convié,
La soucieuse sollicitude
Du maître. Ou bien, comparaison
Comparution plus juste, comme
Celui que somme d'un signe
La maîtresse de maison — dans le noir,
Trait de foudre sur les chefs ancillaires.
Or lui, fût-il ombre, fût-il
Vif, voici que le coup le quiert
Interminablement, tant sa dépense
Dépasse puissance solvable —
Cet excès dont on meurt ! —
Qui est battement au cœur de la maîtresse :
Comme l'aubier du bouleau sous la hache.

(Ou les tiroirs chêne éclissé,
Ou la boîte à soucis de Pandore,
L'intarissablement long cortège !)
Qui donc derrière la porte ne frappe pas ?
Chose certaine pour l'oreille quant à
L'écart des coups entre eux. Contre le mur
Collée, elle est sûre que
Réponse (ton tympan, le mien) résonnera.
Par avance convaincue qu'une fois
Clé dans la main, l'entrée se fera,
Si délicieux soit-il de jouer à son retard :
Se faire des peurs de serrure sucrée !
Au diable les sentiments, brisée
L'union époux épouse, les moines
D'Optino même se fussent
Reniés, eussent renoncé aux cloches.
Dénouée l'étole des affections,
L'âme n'est plus qu'un fellah nu.
Cabriole pieds au mur, la porte !
Et les oreilles, les oreilles donc ?
Comme cornes de faune au front
Comme ordre d'« en joue... feu » qu'on
Exécute ! À deux doigts de jaillir
Elle, porte, de ses gonds,
Si forte est la présence pressant
Contre le bois. De même, à l'heure
De la passion, se bandent de peur,
Tressaillent de crainte d'au-delà toute
Tension les veines. L'écho d'un heurt,
Ici, il n'y en a pas. Flageole — le sol.
La porte bondit, se rue aux mains.
Obscurité — recul d'un pas.

Plénitude, plénitude naturelle.
Ipséité, qualité stable du moi.
Marches d'un escalier commun,
L'heure (nocturne) indifférenciée,
Cette sensation d'étalement anonyme
Contre un mur. Aspirée par un souffle
D'air jardinier, cette évidence en moi que
Quelqu'un me précède me cède —
De toute sa plénitude divine
De nuit, de toute son insurrection
De ciel. (Comme froissement
Des feuilles du mélèze, comme chuchotis d'écume
Contre le pont). Ni la contrée
Ni l'heure ne sont connues.
L'invisibilité est absolue,
Au cœur de la nuit même.
(Cette nuit n'est pas plus noire que noir,
Infiniment plus nuit que noire elle est !
La pellicule qui irisait
L'iris de sa beauté
Cinnabre, carmin,
— Évanoui l'entre-nos-deux réalités
Aux résillements de la rétine —
Ne souillera plus mon œil.)
Un songe ? Au mieux
Un son. Mais dans ce son, alors
Quelle image ? Quel mirage ? Tais-toi, laisse-
Moi écouter : nous deux faisons pas un !
Non appariable, non conjugable,

Pas uniforme ensemble à deux,
Pas esseulé, de chacun de nous deux
Le pas — s'il n'est fantôme, mon
Pas. (Dommage qu'il faille appa-
Rier les blancs — les vides !)
Arrangeons-nous un peu :
D'un pouce, ou bien
Tu me cèdes en hauteur, en
Puissance — de tes pensées !
Soit m'entendras-tu ?
Mes sons je cesserai.
Absolument la rime,
Mon rythme enfin mien !
Colomb Christophe je dis
Salut Terre Neuve —
Et bonjour l'air ! Oublions
L'ambulante vérité !
Le fond, c'est recul
D'arme, c'est sein
De femme que piétine
Un soldat-tige éculé.
(Ou la mère que martèlent les
Pieds-velours du tout petit...)
    Dans de la colle durcie,
Ce pas. Oh, que d'efforts
Pour repousser pour rebrousser la route
De l'opinion commune ! La sphère,
Sa résistance est comme l'avoine
Native pour le Russe, le riz natif
Pour le Chinois ou bien comme de
Marcher dans les vagues de la mer
(Autant dire enjamber son cœur

À soi), ou encore comme l'épaule
Contre l'épaule des foules. Oh par Hercule !
— Une ceinture entoure la terre.
Quelle glu, quelle poix — ce premier air !
Je t'ensonge, t'apparais en songe, —
Sécheresse, ce cheveu blanc d'académie
Coupé en quatre. J'aiguise mon argument :
Nous sommes deux, certes, mais nos soupirs
Ne font pas paire, n'étant qu'un seul
Respir, l'un par l'autre étranglés — cellule
D'emprisonnement d'air : or l'eau de sève
Du Dniepr n'éclate-t-elle pas
Bourgeons ? Le Juif en larmes sur sa
Cithare ne crie-t-il pas « Dieu, t'es
Sourdingue », Dans ce cas rectifions !

Mettons qu'un soupir tu me cèdes,
Lors — la peur s'empare de
Ma prière — tu me les céderas
Tous. — Absoute, sinon
Je cesse de respirer.

Typhus dans Moscou,
Temps de siège !
Terme terminal. Que s'achèvent
Les souffrances dans la poche gravière
Des plèvres ! Qu'on investigue
Les glaires ! Qu'on dévergonde les verrous
D'air ! Fin d'assignation au ghetto,
Démarcation rompue.
Matrice mère ! ton espérance est exaucée :
Intact ton lutteur dans sa joute aérienne !

Lui-même s'est habillé d'une toile d'aérotrame
Inaltérable — l'usage, qu'en sera-t-il ?
Couche-toi terre ferme de tout ton lisse sous
Sa carlingue volante — vacillante.
Car qu'irait-il lui, ce poumon absolu,
Boucler la boucle
Du nœud coulant ? Puisque l'asperge l'eau...
Qu'elle gicle de tous côtés... qu'on ne plaigne
Pas le pilote, qu'on ne le plaigne pas !
C'est bonheur de voler !
Qu'on n'habille surtout d'un linceul
Ses ossements.
Car la mort est leçon
D'aéronautique, rien de neuf
Au programme. (Des recherches ?
Balivernes !... Des pinces ?... Des vis ?...)
Achilles de l'air, tous nous
Sommes ! — toi qui que tu sois,
À condition de ne pas t'insuffler
L'air inférieur, la gloire.
Leçon d'aéronautique
La mort, c'est recommencer à
« A ».
Salves à ta gloire qui a brisé les brèches :
Je ne pèse plus.
Salves à ta gloire qui a troué le toit :
Je n'entends plus.
Mes paupières de soleil ne se plissent plus.
Souffle d'esprit, je n'aspire plus !
Roideur de corps, raideur de mort :
J'ai cessé d'avoir poids.
Légère plus légèrement que barque

Au rivage du schiste.
Oh ! la légèreté de l'air.
Ténuité si mince, si pure, si rare de l'air...
Comme frôlement, comme glissure
D'épinoches, comme truite prise par la queue...
Oh ! cette coulante liquidité
De l'air ! Plus fluide que chien
Chassant au seigle échine fuyante !
Cette souplesse sinueuse, ce cheveu
D'ondoiement des toutes premières
Ondulations — plus fine aspersion que la pomme
D'arrosoir. Que dis-je, plus pliable
Que jeune osier vert de l'arc !
Ô musique pagodale...
Ô perles avec bambous, —
Ô tentures des pagodes...
Soupir d'eau dans laquelle on marche à l'infini —
Hermès, de quel usage
Tes courtes ailes ? avantage aux nageoires,
Bien plus nageantes ! La pluie, la pluie
Qui tombe à verse ! Irisations de l'arc d'Iris !
Ne dirait-on pas ondées
Aux soieries de Chemaah,
Du Cachemire ?...
          Une danse
Dans les hauteurs ! Comme lorsqu'on sort
D'une clinique : d'abord la terre aggrave
Le danseur, puis ses jambes n'appuient plus
Sur rien. Fin du fond, et cependant dureté
Aussi solide que la glace ! Loi universelle
Des absences : d'abord le ferme ne soutient
Plus, mais ensuite aucune chance de se laisser

Choir dans le lourd. Naïade, Péri ? Non pas !
La vieille paysanne de l'histoire du verger !
Chute ancestrale du corps qu'on précipite
À travers l'eau (Le choc dans l'onde,
L'éclaboussement, le fond sablonneux,...)
Déliaison absolue de la terre.
Troisième air — fin du plein.

*

Cheveu chenu comme par les mailles,
Par les résilles où coulent les nattes
D'une vieille — rarissimement !
Rarissime mille fois plus que millet
Dans la sécheresse. (Calvitie des
Collines, ni grain ni pain !)
Ah ! comme il rase, râpe
Cet air, racle plus ras que dents
Du peigne à chien, déliant la boule
Engluée ! Ô l'heureuse clarté du layon,
La sommière ! On dirait d'une lumière
Aurorale (promesse de somme, pour nous !)
D'un déplacement dans la folie,
L'aliénitude des liens.
Ah ! qu'il coupe ras, ras
L'air, plus ras que ciseaux.
Que burin... Que dard
De douleur s'engourdissant.
Rare, rarissime, comme par la claie
Des doigts... du cœur, comme par la claire-
Voie des dents disantes — lèvres
Mi-ouvertes sur un credo.

186

Ah ! qu'il affine, raffine
En son sas, son réseau plus maillé
Que celui de la Création (sèche
Est l'éternité, englue la vase).
Raffine plus ras, plus rare qu'œil
De Goethe, qu'ouïe
De Rilke... (Rumeur
De Dieu, pris par la peur
De sa puissance...)
    Seule chose
Fuyant au sas, au sablier de l'air,
L'Heure du Jugement...
    Vertèbres endolories
Par la moisson — pourquoi l'enfantement ?
Avoines désertant les batteuses,
Récoltes diminuant
Aux collines... Crevasses
Trop béantes pour bœuf ou charrue.
— Excommunication de la terre :
Le cinquième air, un son.

*

Dans la gorge des colombes
Grondement — l'orage originel.
Ah ! comme il claque, ah ! comme
Craque l'air, plus grondeusement qu'an
Neuf ! Comme d'arbres qu'on abat,
Cognées cognant aux racines du chêne.
Oh ! ces craquements, claquements cent
Fois plus bruyants que chagrin
Neuf, que merci dire

187

Du Tsar... Grêle en trombes sur
La tôle, plus drûment que glace
En débâcle, plus compact que
Chant thésaurisé dans la grande
Bouche mnémonique du peuple.
Grondement d'orage aux gosiers
Des rossignols — l'origine !
Cuivres avec cymbales et clairons
Du johannique tonitruant
— Comme d'une clameur chantée
Jaillie de la poitrine — de la voûte-ciel
Palatale, du tréfonds
De la lyre-tortue !
Grondement, plus éclatant
Que Don sanglant, cinglant
Plus que couteau faucheur
Du blé... Son aux méandres
Plus raides que lacets de montagne,
Bruit plus abrupt que blocs
De Thèbes non équarris par l'homme.
Sept — strates d'ondoiement !
Sept — heilige Sieben !
Sept socle de la lyre,
Sept socle du monde.
Socle lyrique le sept,
Socle lyrique du sept
Au monde. Tels les Thébains
Massivement au son de la lyre...
Ah ! la longuement ardente fournaise
Du corps — « plus finement que duvet ! »
Vieille chute de la chair
Selon l'oreille — être esprit

Pur. Au siècle laissons
L'alphabet !
    Ouïe pure
Ou son pur est-ce ainsi
Que nous avançons ? Avant-son
Du sommeil. Avant-frisson
De félicité. Grondement plus tumultueux
Qu'ondes équinoctiales dans une grotte.
Que nuque secouée d'épilepsie.
Que faim au ventre de la femme.
Grondement certes, mais comparé au
Tombeau de Pâques, tellement moindre
Fracas !
    D'une sonorité plus haute
Que le sonore — par pauses-intervalles
Des « je peux », par progressions plus loin que l'aller
Même — par pauses-suspens du souffle
De l'haletante locomotive à raffiner la farine...
Par l'alternance du meilleur de la main,
La manne divine : par-dessus l'au-dessus
Des vapeurs d'air, l'air rare !
N'allons surtout pas dire qu'elles soient repos
Ces pauses : tant de correspondances à prendre
Jusqu'à l'intertransidéral !
Tant de stations aux dessertes locales
Du cœur, quand, malheur ! les plèvres
— Quasi-époumonnement
Du souffle — ont des sauts de poisson asphyxié,
Par les pauses-intermittences
Électriques, la vapeur étranglée,
Par les pauses-taillades
Du pouls — user du mot pauses

Est mensonge, puisque ce sont spasmes
Du soupir... Quand l'abîme sans fond
Du souffle est transpercé
D'éternité — ou bien de mort, selon
L'idée qui, sur le sujet, retient
La préférence. Excision du sol.
Fin de l'air. Terme ferme.
Musique insinuante !
Soupir indéfiniment vain !
Fin des souffrances dans cette
Sacoche à gaz,
L'air — Jusqu'en haut
Et sans boussole ! Le fils, en son Père !
Voici l'heure de l'évidence Hé-
Ré-di-taire.
L'affermissement ! Notre route,
Pas de frein à la nuque ! Couper c'est :
Déchirement, décollation totale
Du cou hors les épaules —
Ployées arrière ! L'affermissement
Hors sol ! Ses ailes — Hermès !
Pleine, puissante
Sensation d'avoir la tête
Ailée. Deux routes,
Certainement pas ! qu'une seule, droite.
Comme si suçaspirée par l'espace la flèche
Lâchant l'église la laissait choir.
Au monde. Non pas d'un bloc, mais
Filtrant l'opacité nocturne des sens,
Dieu. Comme l'arc — droit au but
Le trait ! Pas le royaume des âmes —
Le règne plénier du

Front. Quelle limite ? — Ta maîtrise :
Quand le vaisseau gothique
Rejoindra la flèche de sa
Pointe — calculs
Clos, cohortes chiffrées !
Que la spire gothique
Aura reconquis le propre
De son
Sens —

Mai 1927
Meudon, à l'heure de Lindbergh

Poèmes des années 1930-1940

À MAÏAKOVSKI[1]

Je jetterai sur la paume
Du grain couleur de feu
Pour qu'il se tienne au-dessus de l'abîme
*   du monde*
Rouge comme le feu.

En plein synode
Des grands seigneurs soviétiques...
— Salut, Sérioja !
— Salut, Volodia !

Tu n'en pouvais plus ? — Pas trop.
— Des raisons générales ?
                    — Non, personnelles.

— Le coup est bien parti ? — Normal.
— Ça a bien brûlé ? — Excellemment.

— Alors comme ça ta vie est bouclée ?
— J'ai passé la main, comme on dit aux cartes.

... Ça va pas, Sérioja !
... Ça va pas, Volodia !

Tu te souviens comme tu m'avais étrillé
De toute ton énorme voix de basse
Qui secouait les planches ?
— On peut

Laisser ça... — Ta barque de l'amour,
Comme canot de sauvetage !
C'est vraiment pour une jupe ?
— Pas pire que la vodka.

Avec ton mufle gonflé
Tu es toujours entre deux vodkas ?
Ça va pas, Sérioja.
— Ça va pas, Volodia.

Toi c'est pas un rasoir,
Du proprement fait.
Alors comme ça ta carte
Est abattue ? — Ça coule.

— Mets une feuille de plantain.
— Le collodion aussi fait pas mal.
On en met, Sérioja ?
— On en met, Volodia.

Et dans notre vieille Russie
Comment ça va ? — C'est-à-dire
Où ? — En U-èr-ès-ès
Quoi de neuf ? — Ça construit.

Les parents enfantent.
Les saboteurs sapent
Les éditeurs gouvernent.
Les écrivains grattent.

Un nouveau pont a été bâti
Puis balayé par les hautes eaux.
Toujours la même chose, Sérioja !
— Toujours la même chose, Volodia.

Et notre vol d'oiseaux chanteurs ?
— Ces poètes, tu sais, sont gens d'expérience !
On nous tresse des couronnes
Comme aux morts, mais c'est pour mieux

Nous piller aussitôt. La vieille ROSTA[1]
Laquée par les lendemains qui chantent.
Pasternak tout seul
Ça fait pas beaucoup.

Si on y mettait la main
À leur chute de niveau ?
On y va, Sérioja ?
— On y va, Volodia !

Et puis tu as le salut...
— Comment va notre bon
Alexandre Alexandrovitch[2] ?
— Vois-le là-bas, devenu ange !

— Et Fédor Kouzmitch[1] ? — Près du canal,
À la recherche des joues rouges de sa femme.
— Et Goumiliov Nikolaï[2] ?
— Il est à l'Est.

(Sur une natte sanglante,
Dans une pleine charrette...)
— Toujours la même chose, Sérioja ?
— Toujours la même chose, Volodia !

Mais puisque c'est pareil,
Volodia mon cher,
Si nous portions encore une fois
La main sur nous, bien que des mains

Nous n'en ayons plus ?
                              — Malgré ça,
Sérioja vieux frère,
Posons une grenade
Sous cet empire aussi !

Et dans cette Aube
Que nous aurons déclenchée
Nous allons bâtir, Sérioja !
— Oui, nous allons bâtir, Volodia !

Août 1930

Je m'ouvre les veines : irrécupérable
Et ingarrottable, la vie coule à flots.
Mettez au-dessous assiettes et seaux !
Toutes les assiettes seront toujours plates,
Petits les seaux.

    À côté, débordant
Sur la terre noire, nourrir la fougère,
Tombe, irréversible, irrécupérable
Et ingarrottable l'averse des vers.

6 janvier 1934

Pas de souci pour le poète[1],
Le siècle
Va-t'en, bruit ! Ouste, va au diable, — tonnerre !
De ce siècle, moi, je n'ai cure,
Ni d'un temps qui n'est pas le mien.

    Sans souci pour les ancêtres,
    Le siècle !
    Ouste, allez, descendants — des troupeaux.
    Siècle honni, mon malheur, mon poison
    Siècle — diable, siècle ennemi, mon enfer.

1934

VERGER

Pour ce martyre,
Pour ce délire ;
À ma vieillesse
Donne un verger.

Pour ma vieillesse
Et ses détresses,
Pour mon labeur —
Années voûtées,

Chiennes d'années,
Années-brûlures :
Donne un verger...
Et la fraîcheur

De sa verdure
À l'évadé :
Sans — voisinage,
Sans — nul visage !

Sans — nul railleur !
Sans — nul rôdeur !
Sans — œil voleur !
Sans — œil violeur

Sur le qui-vive
Sans *puanteur* !
Sans bruit de cœur !
Sans âme vive !

Dis : assez souffert — tiens, voilà !
Prends ce verger — seul comme toi.
(Mais surtout, Toi, n'y reste pas !)
Prends ce verger — seul comme moi.

De ce verger, fais-moi cadeau...
— Ce verger ? Ou bien — l'Ici-haut ?
Fais-m'en cadeau en fin de route —
Pour que mon âme soit absoute.

1er octobre 1934

Il y a les heureux et les heureuses
Qui *ne* peuvent chanter. À eux et elles —
Les larmes ! Bien doux le chagrin qui ose
Se déverser — pluie torrentielle !

Pour que ça tremble sous la pierre.
Mais moi — ô vocation telle un fouet —
Même au milieu des plaintes funéraires
Le devoir m'enjoint — de chanter.

Quand il chanta, David, n'était-ce
Sur son ami — pourtant coupé en deux ?
Et si Orphée n'était pas dans l'Hadès
Lui-même allé, n'envoyant que

Sa voix, rien que sa voix dans les ténèbres,
Pour rester debout sur le seuil,
Superflu, — Eurydice, comme par l'échelle,
Serait remontée — toute seule...

Comme par l'échelle et vers la clarté,
À jamais et — aveuglément.
Car si la *voix* t'est, poète, donnée,
Le reste — on te le prend.

Janvier 1935

Tombal[1]

Parce que, autrefois, jeune et sans peur,
Tu ne m'as permis de pourrir vivante
Parmi des corps sans âmes et des murs ! —
Te sauverai de la mort à jamais !

Parce que, clair et frais, tu m'as menée
Par la main à l'air pur, porté chez moi
Le feuillage printanier par brassées ! —
Te sauverai de l'herbe de l'oubli !

Parce que mes premières mèches blanches
Tu les reçus avec l'orgueil d'un fils,
Avec une joie d'enfant — gloire et peur —
Te sauverai du dépit de blanchir !

8 janvier 1935

Le coup étouffé sous les années de l'oubli,
Années de l'ignorance.
Le coup qui vous arrive comme un chant de femmes,
Comme un hennissement,

Comme passe un vieux mur le chant passionné —
Le coup qui vous arrive.
Le coup qu'étouffe le fourré silencieux
D'ignorance, d'oubli.

Vice de la mémoire — rien, ni yeux ni nez,
Rien, ni lèvres ni chair.
De tous les jours l'un sans l'autre, nuits l'un sans
    l'autre,
La terre d'alluvion.

Le coup étouffé, comme de vase couvert.
C'est ainsi que le lierre
Mange le cœur et transforme la vie en ruines...
— Couteau dans l'édredon !

... Le coton des fenêtres bouche les oreilles,
Comme l'autre, au-delà :
De neiges, d'années, de tonnes d'indifférence
Le coup est étouffé...

Entre le 26 janvier et le 8 février 1935
Vanves

POÈME À L'ORPHELIN[1]

Mes pensées envolées ailleurs,
Vers un trésor perdu, lointain —
Pas après pas, fleur après fleur,
J'ai décapité le jardin.

Par un jour d'été sec, au bord
D'un champ, il se peut qu'ainsi vienne
D'une main distraite la mort
Couper une tête — la mienne.

5-6 septembre 1936

ILS ONT PRIS...

Les Tchèques s'approchaient des Allemands et crachaient.

(Voir les journaux de mars 1939)

Ils prenaient vite et ils prenaient largement :
Ils ont pris les cimes, ils ont pris les tréfonds,
Ils ont pris l'acier, ils ont pris le charbon,
Ils ont pris notre cristal et notre plomb.

Ils ont pris le sucre et ils ont pris le trèfle,
Ils ont pris le Nord et ils ont pris l'Est,
Ils ont pris les ruches et ils ont pris le blé,
Ils ont pris notre Midi et notre Ouest.

Les Tatras, ils les ont pris et pris les Thermes,
Ils ont pris les alentours et les lointains,
Mais — plus amères que le paradis sur terre ! —
Ils ont pris les armes sur le sol natal.

Ils ont pris les fusils, ont pris les cartouches,
Ils ont pris l'amitié, pris le minerai...
Mais tant qu'il reste du crachat dans la bouche —
Tout le pays est armé !

9 mai 1939

Il est temps ! Pour *ce* feu-là —
Je suis vieille !

        L'amour — est plus vieux que moi !
— De cinquante fois janvier,
Une montagne !

          — L'amour — est encore plus vieux :
Vieux, comme une prèle, vieux, comme le serpent,
Plus vieux que l'ambre de Livonie !
Et plus vieux que tous les bateaux fantômes !
— Que les pierres, plus vieux que les mers...
Mais le mal, dans ma poitrine — est plus vieux
Que l'amour, plus vieux que l'amour.

23 janvier 1940

Il est temps[1]
D'ôter l'ambre,
De changer les mots
Et d'éteindre la lampe,
Au-dessus de ma porte

Février 1941

DOSSIER

SOURCES

Se reporter p. 221 pour le détail des références biblio-graphiques.

L'AMIE

L'amie : *Sans lui*, trad. Henri Deluy, Fourbis, 1994.

Le navire ne naviguera pas toujours... : *L'Offense lyrique*, trad. Henri Deluy, Fourbis, 1992.

Ça me plaît que vous n'ayez pas le mal de moi... : *Poèmes*, trad. Henri Abril, © Éditions Librairie du Globe, 1993.

Je n'ai pas suivi la Loi, je n'ai pas communié... : trad. Sylvie Técoutoff, *La Nouvelle Revue Française*, n° 268, avril 1975.

Il n'y a pas, dans ce maudit... : *L'Offense lyrique*, trad. Henri Deluy, Fourbis, 1992.

Je sais la vérité ! Arrière, les vérités d'hier !... : *Poèmes*, trad. Elsa Triolet, © Éditions Gallimard, 1968.

Poèmes sur Moscou – *Nuages autour...* (trad. Gaby Larriac) – *Le jour viendra — si triste, paraît-il...* (trad. Henri Abril) – *Grappes en feu...* (trad. Henri Abril) : *Poèmes*, © Éditions Librairie du Globe, 1993.

Poèmes à Blok : *Marina Tsvétaéva*, par Véronique Lossky, trad. Christian Mouze, © Seghers, 1990.

Insomnie : trad. Christian Riguet, *Alidades*, n° 1, 1982.

Je viens vers toi dans la nuit noire... : *Marina Tsvétaéva*, par Véronique Lossky, trad. Sylvie Técoutoff, © Seghers, 1990.

À Akhmatova : trad. Sylvie Técoutoff, *La Nouvelle Revue Française*, n° 268, avril 1975.

Un soleil blanc et des nuages très, très bas... : *Poèmes*, trad. Elsa Triolet, © Éditions Gallimard, 1968.

Pour atteindre lèvres et couche... : *Chants de femmes (Anna Akhmatova, Marina Tsvétaeva)*, trad. Véronique Lossky (revue pour cette édition), Le Cri, 1994.

Dans les ténèbres tout s'élance — nomade... : *Poèmes*, trad. Henri Abril, © Éditions Librairie du Globe, 1993.

Je me souviens du premier jour, la férocité des nouveau-nés... : trad. Henri Deluy, *L'Offense lyrique*, Fourbis, 1992.

J'ai fêté seule la nouvelle année... : *L'Offense lyrique*, trad. Henri Deluy, Fourbis, 1992.

Dieu — a raison... : *Poèmes*, trad. Henri Abril, © Éditions Librairie du Globe, 1993.

Psyché : *La Planche de vivre*, trad. René Char et Tina Jolas, © Éditions Gallimard, 1981.

Je vais te raconter — la plus grande duperie... : *Poèmes*, trad. Henri Abril, © Éditions Librairie du Globe, 1993.

Mourante, je ne dirai pas : j'ai été !... : *La Planche de vivre*, trad. René Char et Tina Jolas, © Éditions Gallimard, 1981.

J'ai dit. Un autre l'a entendu... : *Chants de femmes (Anna Akhmatova, Marina Tsvétaeva)*, trad. Véronique Lossky (revue pour cette édition), Le Cri, 1994.

Je suis la page sous ta plume... : *Marina Tsvétaéva*, par Véronique Lossky, trad. Sylvie Técoutoff, © Seghers, 1990.

Ma journée est absurde non-sens... : *Marina Tsvétaéva*, trad. Véronique Lossky (revue pour cette édition), © Seghers, 1990.

— *Où sont les cygnes ?...* : *Anthologie de la poésie russe*, trad. Nikita Struve, © Aubier/Flammarion, 1970.

Les vers naissent comme les étoiles et les roses... : *Anthologie de la poésie russe*, trad. Nikita Struve, © Aubier/Flammarion, 1970.

Dieu ! — Je vis ! — Dieu ! — Alors, tu n'es pas mort !... : *Les Gardiens des livres*, trad. Sophie Benech, © Éditions Interférences, 1994.

Même jeunesse et mêmes hardes... : *Poèmes*, trad. Ève Malleret, © Éditions Librairie du Globe, 1993.

J'écrivais sur un tableau d'ardoise... : *Poèmes*, trad. Elsa Triolet, © Éditions Gallimard, 1968.

Clouée au pilori du déshonneur... : *Poèmes*, trad. Elsa Triolet, © Éditions Gallimard, 1968.

Mains croisées sur mon corps vivant... : *Marina Tsvétaéva*, par Véronique Lossky, trad. Sylvie Técoutoff, © Seghers, 1990.

Chanson : *Poèmes*, trad. Elsa Triolet, © Éditions Gallimard, 1968.

Je le sais, je mourrai au crépuscule, ou le matin ou le soir !... : *L'Offense lyrique*, trad. Henri Deluy, Fourbis, 1992.

Tous couchés en rangs... : *Chants de Femmes (Anna Akhmatova, Marina Tsvétaeva)*, trad. Véronique Lossky (revue pour cette édition), Le Cri, 1994.

Âme, tu ignores toute mesure... : *La Planche de vivre*, trad. René Char et Tina Jolas, © Éditions Gallimard, 1981.

À Maïakovski : *Poèmes*, trad. Elsa Triolet, © Éditions Gallimard, 1968.

La muse : *Chants de Femmes (Anna Akhmatova, Marina Tsvétaeva)*, trad. Véronique Lossky (revue pour cette édition), Le Cri, 1994.

Amazones : *L'Offense lyrique*, trad. Henri Deluy, Fourbis, 1992.

Berlin

Il est une heure pour les mots... : Après la Russie, trad. Bernard Kreise, Rivages, Petite bibliothèque, © Éditions Payot & Rivages, 1993.

Mots murmurés la nuit : soie... : « Huit poèmes de Marina Tsvétaïéva », trad. Nicolas Struve, *Banana Split*, n° 27.

Bonjour ! Non pas flèche, ni pierre... : « Huit poèmes de Marina Tsvétaïéva », trad. Nicolas Struve, *Banana Split*, n° 27.

Pour certains — ce n'est pas une loi... : Après la Russie, trad. Bernard Kreise, Rivages, Petite bibliothèque, © Éditions Payot & Rivages, 1993.

Prague

Cheveux blancs : *Marina Tsvétaéva*, par Véronique Lossky, trad. Sylvie Técoutoff, © Seghers, 1990.

Fils télégraphiques – *Non, nulle magie...* : trad. Sylvie Técoutoff, *La Nouvelle Revue Française*, n° 268, avril 1975 – *Sans me lasser...* : trad. Denise Yoccoz-Neugnot, *Marina Tsvétaéva*, par Véronique Lossky, © Seghers, 1990.

Dieu : *Chants de Femmes (Anna Akhmatova, Marina Tsvétaeva)*, trad. Véronique Lossky (revue pour cette édition), Le Cri, 1994.

Émigrant : *L'Offense lyrique*, trad. Henri Deluy, Fourbis, 1992.

Le poète : *Chants de Femmes (Anna Akhmatova, Marina Tsvétaeva)*, trad. Véronique Lossky (revue pour cette édition), Le Cri, 1994.

C'est ainsi qu'on écoute : *Après la Russie*, trad. Bernard Kreise, Rivages, Petite bibliothèque, © Éditions Payot & Rivages, 1993.

La nuit : *Après la Russie*, trad. Bernard Kreise, Rivages, Petite bibliothèque, © Éditions Payot & Rivages, 1993.

Se faufiler : *Après la Russie*, trad. Bernard Kreise, Rivages, Petite bibliothèque, © Éditions Payot & Rivages, 1993.

Dialogue de Hamlet avec sa conscience : *L'Offense lyrique*, trad. Henri Deluy, Fourbis, 1992.

Le rendez-vous : *Poèmes*, trad. Elsa Triolet, © Éditions Gallimard, 1968.

La lune au lunatique : trad. inédite de Christine Zeytounian-Beloüs.

L'heure de l'âme : *Marina Tsvétaéva*, par Véronique Lossky, trad. Christian Mouze, © Seghers, 1990.

Inclinaison : « Huit poèmes de Marina Tsvétaïéva », trad. Nicolas Struve, *Banana Split*, n° 27.

La coquille : *Poèmes*, trad. Elsa Triolet, © Éditions Gallimard, 1968.

Madeleine : *Marina Tsvétaéva*, trad. Véronique Lossky (revue pour cette édition), © Seghers, 1990.

Depuis cette montagne, comme du toit... : *Après la Russie*, trad. Bernard Kreise, Rivages, Petite bibliothèque, © Éditions Payot & Rivages, 1993.

Le ravin : *Lettres de la montagne et lettres de la fin*, trad. Nicolas Struve, © Clémence Hiver, 2007.

Lieux nocturnes : *Lettres de la montagne et lettres de la fin*, trad. Nicolas Struve, © Clémence Hiver, 2007.

Deux : *Poèmes*, trad. Henri Abril, © Éditions Librairie du Globe, 1993.

Le châle : *Poèmes*, trad. Henri Abril, © Éditions Librairie du Globe, 1993.

L'amour : *Chants de Femmes (Anna Akhmatova, Marina Tsvétaeva)*, trad. Véronique Lossky (revue pour cette édition), Le Cri, 1994.

À la vie : *Poèmes*, trad. Gaby Larriac, © Éditions Librairie du Globe, 1993.

Limaces rampantes des jours... : trad. inédite de Christine Zeytounian-Beloüs.

Il n'est pas mort, il vit... : trad. inédite de Christine Zeytounian-Beloüs.

Pas un carrosse du tonnerre... : *Poèmes*, trad. Elsa Triolet, ©
    Éditions Gallimard, 1968.
Des villages natals... : *Chants de Femmes (Anna Akhmatova,*
    Marina Tsvétaeva), trad. Véronique Lossky (revue pour
    cette édition), Le Cri, 1994.

LE POÈME DE L'AIR

Le Poème de l'air, trad. Jacques Darras et Véronique Lossky,
    Le Cri, 1994.

POÈMES DES ANNÉES 1930-1940

À Maïakovski : *Poèmes*, trad. Claude Frioux, © Éditions
    Librairie du Globe, 1993.
Je m'ouvre les veines : irrécupérable... : *Poèmes*, trad. Elsa Triolet,
    © Éditions Gallimard, 1968.
Pas de souci pour le poète... : *Chants de Femmes (Anna Akhmatova,*
    Marina Tsvétaeva), trad. Véronique Lossky (revue pour
    cette édition), Le Cri, 1994.
Verger : *Les Flagellantes*, trad. Denise Yoccoz-Neugnot, ©
    Clémence Hiver, 1989.
Il y a les heureux et les heureuses... : *Poèmes*, trad. Henri Abril,
    © Éditions Librairie du Globe, 1993.
Tombal : *Poèmes*, trad. Elsa Triolet, © Éditions Gallimard,
    1968.
Poème à l'orphelin : *Poèmes*, trad. Henri Abril, © Éditions
    Librairie du Globe, 1993.
Ils ont pris... : *Poèmes*, trad. Elsa Triolet, © Éditions Galli-
    mard, 1968.
Il est temps ! Pour ce feu-là... : *L'Offense lyrique*, trad. Henri
    Deluy, Fourbis, 1992.
Il est temps... : trad. inédite de Véronique Lossky.

BIBLIOGRAPHIE

POÉSIE

Poèmes, trad. Elsa Triolet, Gallimard, 1968.

Vœux de Nouvel An, trad. Véronique Lossky et André du Bouchet, *L'Éphémère*, n° 17, 1971.

Insomnie, trad. Christian Riguet, *Alidades*, n° 1, 1982.

Le Poème de la montagne. Le Poème de la fin, trad. Ève Malleret, L'Âge d'homme, 1984.

Tentative de jalousie & autres poèmes, trad. Ève Malleret, La Découverte, 1986.

Le ciel brûle, trad. Pierre Léon, Les Cahiers des Brisants, 1987.

Les Arbres, trad. André Markowicz, Clémence Hiver, 1989.

Le Gars, Clémence Hiver, 1991 ; Des Femmes, 1992.

L'Offense lyrique, trad. Henri Deluy, Fourbis, 1992.

Après la Russie, trad. Bernard Kreise, Rivages, Petite bibliothèque, 1993.

Poèmes, trad. Henri Abril, Gaby Larriac, Ève Malleret *et al.*, introd. d'Ariadna Efron (éd. bilingue), Éditions Librairie du Globe, 1993.

Le Poème de l'air, trad. Véronique Lossky et Jacques Darras, Le Cri, 1994.

Sans lui, avec Sophie Parnok, trad. Henri Deluy, Fourbis, 1994.

Séparation, trad. O. des Fontenelles, Cazimi, 1995.

Le ciel brûle suivi de *Tentative de jalousie*, trad. Pierre Léon et Ève Malleret, préface de Zéno Bianu, *Poésie / Galli-*mard, 1999.

Poèmes dans *Anthologie de la poésie russe*, Katia Granoff, Gallimard, 1961, *Poésie / Gallimard*, 1993 ; *Anthologie de la poésie russe*, Nikita Struve, Aubier-Flammarion, 1970 ; *La Planche de vivre*, trad. René Char et Tina Jolas, Gallimard, 1981, *Poésie / Gallimard*, 1995 ; *Poésie russe. Anthologie du XVIIIe au XXe siècle*, édition d'Efim Etkind, La Découverte, 1983 ; *Les Gardiens des livres*, textes de Mikhaïl Ossor-guine, dessins d'Alexeï Remizov, poèmes de Marina Tsvétaïéva, trad. Sophie Benech, Éditions Interférences, 1994.

THÉÂTRE

Ariane, trad. Sylvie Técoutoff, L'Âge d'Homme, 1979.

Phèdre, trad. Jean-Pierre Morel, Actes Sud, 1991.

Romantika (Le Valet de cœur, La Tempête de neige, L'Infortune, L'Ange de pierre, Une aventure, Le Phénix), trad. Hélène Henry, Gallimard, 1998.

Une aventure, trad. Nicolas Struve — *Le Phénix*, trad. Zéno Bianu et Tonia Galievsky, Clémence Hiver, 1999.

PROSES

Le Diable et autres récits, trad. Véronique Lossky, L'Âge d'homme, 1979 ; Le Livre de Poche Biblio, 1995.

Mon frère féminin, Mercure de France, 1979 (écrit en français) ; coll. « Le petit Mercure », 2007.

L'Art à la lumière de la conscience, trad. Véronique Lossky, Le Temps qu'il fait, 1987.

Indices terrestres, trad. Véronique Lossky, Clémence Hiver, 1987.

Mon Pouchkine suivi de *Pouchkine et Pougatchov*, trad. André Markowicz, Clémence Hiver, 1987.

Le conte de ma mère, trad. Véronique Lossky, *Le Nouveau Commerce*, n° 65-66, 1988.

Averse de lumière, trad. Denise Yoccoz-Neugnot, Clémence Hiver, 1989.

Les Flagellantes, trad. Denise Yoccoz-Neugnot, Clémence Hiver, 1989.

Histoire d'une dédicace, trad. Janka Kaempfer-Waniewicz, Le Temps qu'il fait, 1989.

Le Poète et la Critique, trad. Véronique Lossky, Le Temps qu'il fait, 1989.

Le Poète et le Temps, trad. Véronique Lossky, Le Temps qu'il fait, 1989.

Nathalie Gontcharova. Sa vie, son œuvre, trad. Véronique Lossky, Clémence Hiver, 1990.

Assurance sur la vie, Le Chinois, trad. Véronique Lossky, Clémence Hiver, 1991.

De vie à vie et *Ici-haut* suivi de *Poèmes* de Maximilian Volochine, trad. André Markowicz, Clémence Hiver, 1991.

Histoire de Sonetchka, trad. Véronique Lossky, Clémence Hiver, 1991.

Des poètes : Maïakovski, Pasternak, Kouzmine, Volochine, édition d'Efim Etkind, trad. Dimitri Sesemann, Des Femmes, 1992.

Souvenirs, trad. Anne-Marie Tatsis-Botton, Éditions du Rocher, coll. « Anatolia », 2006.

Vivre dans le feu. Confessions, édition de Tzvetan Todorov, trad. Nadine Dubourvieux, Robert Laffont, 2005 ; Le Livre de Poche Biblio, 2008.

Les Carnets (1913-1939), édition de Luba Jurgenson, trad. Éveline Amoursky et Nadine Dubourvieux, Éditions des Syrtes, 2008.

Œuvres. Volume 1. Prose autobiographique, Seuil, 2009.

Correspondance à trois (été 1926), avec Boris Pasternak et Rainer Maria Rilke, trad. Lily Denis, Ève Malleret et Philippe Jaccottet, Gallimard, 1983.

Neuf lettres avec une dixième retenue et une onzième reçue, Clémence Hiver, 1985.

Lettre à Véra Merkourieva (31 août 1940), trad. Lucien Lebet, *La Nouvelle Alternative*, n° 7, 1987.

Quinze lettres à Boris Pasternak, édition et traduction de Nadine Dubourvieux, Clémence Hiver, 1991.

Lettres à Anna Teskova (Prague 1925-Paris 1939), édition et traduction de Nadine Dubourvieux, Clémence Hiver, 2002.

Lettres à Anna, trad. Éveline Amoursky, Éditions des Syrtes, 2003.

Lettres du grenier de Wilno, trad. Éveline Amoursky, Éditions des Syrtes, 2004.

Cet été-là (1928-1933) (Correspondance Marina Tsvetaeva-Nicolas Gronski), trad. Chantal Houlon-Crespel, Éditions des Syrtes, 2005.

Correspondance (1922-1936) (Marina Tsvetaeva-Boris Pasternak), trad. Éveline Amoursky et Luba Jurgenson, Éditions des Syrtes, 2005.

Lettres de la montagne et lettres de la fin. Trente et une lettres à Konstantin Rodzévitch, trad. Nicolas Struve, Clémence Hiver, 2007.

Matins bénis : lettres de France et d'URSS, trad. Bernard Kreise, Rivages Poche, 2008.

SUR MARINA TSVÉTAÏÉVA

BAPTISTE-MARREY, *Ode aux poètes pris dans les glaces*, Actes Sud, 1984.

Véronique Lossky, *Marina Tsvétaéva*. Un itinéraire poétique, Solin, 1987.

Joseph Brodsky, *Loin de Byzance*, trad. Laurence Dyèvre et Véronique Schiltz, Fayard, 1988.

Ariadna Efron et Boris Pasternak, *Lettres d'exil (1948-1957)*, trad. Simone Luciani, Albin Michel, 1988.

Maria Razumovsky, *Marina Tsvétaeva. Mythe et réalité*, trad. Alexandra Pletnioff-Boutin, Noir sur Blanc, 1988.

Véronique Lossky, *Marina Tsvétaéva*, Seghers, coll. « Poètes d'aujourd'hui », 1990.

Maria Belkina, *Le Destin tragique de Marina Tsvétaeva*, trad. Wladimir Berelowitch et Lydia Epschtein-Diky, Albin Michel, 1992.

Dominique Desanti, *Le Roman de Marina*, Belfond, 1994.

Rauda Jamis, *L'espérance est violente. Une évocation de Marina Tsvetaïeva*, Nil éditions, 1994.

Véronique Lossky, *Chants de femmes. Anna Akhmatova, Marina Tsvétaeva*, Le Cri, 1994.

Michèle Magny, *Marina, le dernier rose aux joues*, Actes Sud / Leméac, 1994.

Claude Delay, *Marina Tsvétaeva. Une ferveur tragique*, Plon, 1997.

Henri Troyat, *Marina Tsvétaeva. L'éternelle insurgée*, Grasset, 2001.

Linda Lê, *Marina Tsvétaïéva, comment ça va la vie ?*, Jean-Michel Place, coll. « Poésie », 2002.

Anastassia Tsvetaeva, *Souvenirs*, trad. Michèle Kahn, Actes Sud / Solin, 2003.

Ariadna Efron, *Marina Tsvetaeva, ma mère*, trad. Simone Goblot, Éditions des Syrtes, 2008.

Chantal Houlon-Crespel, « *Azur, azur seconde terre...* ». *Marina Tsvétaeva, poète*, Cerf, 2009.

REPÈRES CHRONOLOGIQUES

> « Je ne crois pas que nous ayons besoin,
> en poésie, d'une exacte relation des
> faits... L'exercice de la poésie a progres-
> sivement broyé, puis passé au tamis
> l'existence. Il en a jeté loin les impu-
> retés. »
>
> (*Histoire d'une dédicace*)

1892. *26 septembre* : naissance de Marina Ivanovna Tsvétaïéva
à Moscou. Fille de l'historien d'art Ivan Tsvetaev
(fondateur du musée des Beaux-Arts, actuellement
musée Pouchkine), lequel était veuf, père de deux
enfants, et de Maria Mein, pianiste, issue de la
noblesse polonaise. « Influence conjuguée de mon
père et de ma mère : caractère spartiate. Deux leit-
motive dans la maison : Musique et Musée. Atmo-
sphère non bourgeoise, non intellectuelle
– chevaleresque. »

1894. Naissance de sa sœur Anastassia, dite Assia.

1898-1899. Marina est inscrite dans une école de musique.
Sa mère voulait qu'elle devienne musicienne. Elle
apprend le français à l'âge de sept ans.

1902. La famille se rend en Italie, à Nervi, près de Gênes,
pour soigner Maria Mein, atteinte de tuberculose.

Rencontre de Marina et de la mer, « Marina mon nom/ Moi périssable écume de la mer ».

1903. Ivan Tsvetaev rentre à Moscou. Les filles, Assia et Marina, entrent comme internes dans une école française à Lausanne. « Remarque au-dessous de ma première rédaction française : "trop d'imagination, trop peu de logique" ».

1904. Les filles passent l'été dans la Forêt-Noire avec leurs parents. À l'automne, Marina est inscrite dans un collège de Fribourg. Elle écrit des vers en allemand.

1906. *5 juillet* : mort de Maria Mein, la mère de Marina, à Taroussa. Marina est interne dans plusieurs écoles de Moscou. Étés passés à Taroussa, près de Kalouga, à cent cinquante kilomètres de Moscou, dans la maison de vacances. Marina se passionne pour Pouchkine, Heine, Goethe et Hölderlin.

1909. À 16 ans, Marina part seule l'été en France pour voir jouer Sarah Bernhardt dans le rôle de l'Aiglon, sa pièce préférée. Elle voue un culte à Napoléon — et habite d'ailleurs rue Bonaparte. Cours de littérature française ancienne à la Sorbonne.

1910. Parution de son premier recueil, *Album du soir*, (« Mes vers écrits si tôt / Que je ne me savais pas poète »), qui suscite un article élogieux de Maximilien Volochine, lequel l'introduira dans les cercles littéraires et qu'elle appellera affectueusement « Monsieur mon père spirituel ».

1911. Au printemps, alors qu'elle est invitée chez Max Volochine à Koktebel, en Crimée, elle rencontre son futur mari, Sergueï Efron, qu'elle épousera le 27 janvier 1912, à Moscou, malgré l'opposition familiale. « ... Je pensais que c'était bête d'être heureuse, indécent même ! Penser ainsi est bête et indécent — voilà mon aujourd'hui. »

1912. *Février* : parution du second recueil de Marina, *La Lanterne magique*. *5 septembre* : naissance de sa fille

Ariadna Efron, dite Alia. « Alia et moi formons un tout. »

1913. *30 août* : mort de son père Ivan Tsvetaev.

1914. Première Guerre mondiale : Sergueï Efron part au front comme infirmier malgré sa mauvaise santé (tuberculose). Liaison avec Sophia Parnok, poète homosexuelle, son aînée de sept ans. (« Il est des noms comme des fleurs étouffantes, / il est des regards comme des flammes dansantes... »)

1915. Marina compose le recueil *Poèmes de jeunesse*. *Juillet* : à Koktebel, Marina rencontre Ossip Mandelstam (né en 1891). « Sans poèmes Mandelstam ne pouvait, dans ce monde, ni rester assis ni marcher — ni vivre. »

1916. Composition des cycles *Insomnie* (« Je fais la noce avec l'insomnie... »), *Pour Akhmatova* (« Votre vie est frisson / Comment cela finira-t-il ? »), *Poèmes sur Moscou*, premiers poèmes à Blok.

1917. Sergueï Efron se bat dans les rangs de l'Armée blanche. Marina Tsvétaïéva écrit *Le Camp des cygnes*, une centaine de poèmes qui célèbrent l'Armée blanche. (« Là, tu le sais, se trouve mon cygne blanc. »)
13 avril : naissance de sa seconde fille, Irina.

1918. Conditions de vie très dures à Moscou. Marina Tsvétaïéva travaille cinq mois et demi au *Narkomnats* (Commissariat du Peuple aux Nationalités). *Poèmes à ma fille*.

1919. Marina se lie avec un groupe de jeunes comédiens des studios du Théâtre d'Art de Moscou. Elle écrit plusieurs pièces en vers, délibérément « aristocratiques » dont la plus longue est consacrée à un épisode de la vie de Casanova : *Le Phénix*. Amitié passionnée pour la jeune actrice Sonia Holliday, « femme-actrice-fleur-héroïne ».

1920. *16 février* : mort de sa fille Irina (malnutrition). « Je cache mon malheur comme un loup dans sa tanière... »

1921. Elle écrit le cycle *Séparation* pour son mari : « Toi mon contemporain / D'année en année de jour en jour tu deviens / Graduellement comme mon enfant. » En juillet, après trois ans, premières nouvelles de Sergueï Efron. « Si Dieu accomplit ce miracle — vous laisser en vie, je vous suivrai comme un chien. »

7 août : mort du poète Alexandre Blok. Derniers poèmes à Blok.

1922. *Mai* : départ avec sa fille pour Berlin où elle doit retrouver son mari. Séjour à Berlin du 11 juin au 31 juillet 1922. Début d'une longue correspondance avec Boris Pasternak, qui s'est enthousiasmé à la lecture de *Verstes*. Marina écrit *Averse de lumière*, un essai consacré à Pasternak (« aujourd'hui, le plus grand de tous »). *1ᵉʳ août* : arrivée de la famille Efron en Tchécoslovaquie. Aide financière du gouvernement tchèque, dans le cadre de l'Action russe. La famille s'installe à Mokropsy, un village des environs de Prague. *Septembre* : Tsvétaïéva fait la connaissance d'Anna Teskova qui dirige le fonds d'aide aux émigrés russes et avec qui elle correspondra pendant 17 ans jusqu'à son retour en URSS.

1923. Amour fou pour Konstantin Rodzévitch (« je ne suis pas une joueuse, ma mise — c'est mon âme ! »), le « héros » du *Poème de la montagne* et du *Poème de la fin*.

1924. Publication du poème-conte *Le Gars*, qu'elle traduira elle-même en français. Composition du cycle « L'heure de l'âme ».

1925. *1ᵉʳ février* : naissance de son fils Gueorgui, dit Mour. « J'offre à mon fils ma devise : Ne Daigne... Cette devise m'aidera aussi à l'heure de la mort. » Elle écrit *Le Charmeur de rats*, publié dans la revue *Liberté de la Russie*.

31 octobre : départ de la famille pour Paris, dans le

XIXe arrondissement (« le quartier où nous vivons est effroyable... »).

1926. Bref séjour à Londres en mars. Écrit *Le Poète et la Critique*, sa première œuvre théorique (« La fatigue du lecteur... est créatrice, co-créatrice. Elle fait honneur au lecteur et à moi-même. »). *Été* : vacances à Saint-Gilles-sur-Vie, en Vendée (« Dans la mer je me baigne, dans le feuillage je me noie. ») Composition de deux poèmes majeurs : « Envoyé de la Mer » et « Tentative de chambre » (« Ce poème est vilipendé par tout mon entourage... Est-ce vraiment inintelligible ? »). Grâce à l'entremise de Pasternak, Rainer Maria Rilke adresse les *Élégies de Duino* et les *Sonnets à Orphée* à Marina. C'est le début de la célèbre et intense *Correspondance à trois*. « Nous nous touchons comment ? Par des coups d'ailes (Rilke) ». *Automne* : la famille emménage à Bellevue. *29 décembre* : mort de Rilke.

1927. La famille Efron s'installe à Meudon. Marina écrit « Vœux de Nouvel An », lettre-poème adressée à Rilke. (« Une lettre ouverte de moi à lui, "Rilke"... Une lettre que tout le monde lira sauf lui ! ») Composition du *Poème de l'Air*, tentative de restitution poétique de la traversée de l'Atlantique par Lindbergh. *Septembre* : Assia arrive de Moscou pour rendre visite à sa sœur : elle la trouve dans un état de grande lassitude physique et morale. Pasternak tente alors d'intervenir pour faire rentrer Tsvétaïéva en URSS.

1928. Amitié passionnée pour un jeune poète russe de l'émigration, Nicolaï Gronsky. Sortie à Paris du recueil *Après la Russie*. *7 novembre* : rencontre avec Maïakovski à Paris. Tsvétaïéva, qui rend hommage à sa force poétique, s'aliène les milieux de l'émigration.

1929. Court voyage à Bruxelles. Essai sur le peintre Nathalie Gontcharova.

1930. *14 avril* : suicide de Maïakovski (« En Russie, c'est

mort aux poètes ! En dix ans, la liste est longue ! »).
Marina lui dédie un cycle de poèmes.

1931. Cycle de poèmes à Pouchkine. Écrit *Histoire d'une dédicace*, où elle rapporte ses souvenirs sur Mandelstam. Fin des subsides tchèques.

1932. Situation financière dramatique de la famille Efron. Déménagement à Clamart. Essais sur l'art : *Le Poète et le Temps, L'Art à la lumière de la conscience. Lettre à l'Amazone* (écrit en français), adressée à Natalie Clifford-Barney. (« Quand je vois se désespérer un saule, je comprends Sapho. »). Écrit *De vie à vie*, en hommage à Volochine, disparu le 11 août.

1933. Comme malgré elle, Marina se tourne vers la prose. « Je n'écris presque pas de poèmes et voici pourquoi : je ne peux pas me limiter à un seul — ils me viennent par familles, par cycles, un peu comme un entonnoir ou même un tourbillon dans lequel je *tombe*, par conséquent — aussi une question de *temps*. (Lettre à Anna Teskova – Clamart, 24 novembre 1933) ». Sergueï Efron dirige l'Union pour le Retour, une association prosoviétique qui encourage les émigrés à revenir en URSS.

1934. *8 janvier* : mort de Biély. Publication des *Flagellantes*, « un bout de ma petite enfance dans la ville de Taroussa, un nid de flagellantes ». *Octobre* : la famille Efron quitte Clamart pour Vanves. *21 novembre* : mort de Nicolaï Gronsky. (« J'avais été son premier amour et lui — mon dernier. »)

1935. Efron commence à travailler pour les services secrets soviétiques. *Juin* : une délégation d'écrivains russes se rend à Paris à l'occasion d'un congrès international contre le fascisme. Pasternak en fait partie. « Quant à la rencontre avec Pasternak (*elle a eu lieu* — et quelle *non-rencontre !...*) »

1936. *Mai* : invitée en Belgique pour une lecture de poèmes, Tsvétaïéva lit entre autres *Mon père et son musée* et *Souvenirs sur Kouzmine* (qui venait de disparaître).

Guerre d'Espagne : Sergueï recrute clandestinement pour les Brigades internationales. Début des grands procès de Moscou, visant à éliminer tous les opposants à Staline. (« Moi, qui ne peux pas signer une lettre de compliments au grand Staline, car ce n'est pas *moi* qui l'ai qualifié de grand... »)

1937. *15 mars* : départ d'Alia pour l'URSS. Marina traduit des poèmes de Pouchkine en français, pour le centenaire de sa mort. Publication de *Mon Pouchkine*. (« Pouchkine m'a inoculé l'amour. Le mot *amour*. ») Suite à la disparition de l'actrice Sonia Holliday, elle écrit *Histoire de Sonetchka*. (« C'est mon chant du cygne, j'ai le plus grand mal à m'en détacher ! ») Sergueï Efron est mêlé à l'assassinat d'Ignace Reiss, un agent de la GPU qui avait déserté. Il doit partir clandestinement pour Moscou, le 10 octobre.

1938. Tsvetaïeva reste seule en France avec son fils Mour. Devenue une vraie pestiférée dans l'émigration, elle commence des démarches pour rejoindre son mari et sa fille. *Été* : elle abandonne son appartement de Vanves pour une chambre à l'hôtel Innova, 32, boulevard Pasteur. *29 septembre* : accords de Munich. *Poèmes à la Tchécoslovaquie*. Échange épistolaire intense avec Anna Teskova durant tout l'hiver 1938-1939. (« La Tchécoslovaquie est maintenant pour moi — de tous les pays — le seul être humain. »)

1939. *15 mars* : invasion de la Tchécoslovaquie par les troupes allemandes. (« Que t'est-il arrivé, mon pays, / mon paradis, ma Tchécoslovaquie ? »). *12 juin* : départ du Havre pour Moscou avec son fils. La famille réunie passe l'été à Bolchevo, où le NKVD logeait les agents revenus de l'étranger. *27 août* : arrestation d'Alia à 27 ans. (Alia passera seize ans au bagne et en exil avant d'être réhabilitée en 1955. Jusqu'à sa mort en 1975, elle mettra tout en œuvre pour faire connaître l'œuvre de sa mère.) *10 octobre* : arrestation de Sergueï Efron.

1940. Fait des traductions pour survivre, grâce à l'aide de Pasternak. Tsvétaïéva passe l'hiver et le printemps dans une maison de l'Union des écrivains.

1941. *6 et 7 juin* : rencontre – enfin – Anna Akhmatova (« Toutes les étoiles dans le creux de ta main ! »). *22 juin* : les troupes allemandes franchissent la frontière de l'Union soviétique. *18 août* : Tsvétaïéva et son fils sont évacués à Elabouga, en Tatarie.

31 août : Marina Tsvétaïéva met fin à ses jours (par pendaison) à l'âge de 49 ans. « ... À moins que je ne sois peut-être, moi-même, descendue dans ce puits éternel où tout est toujours — vivant. »

4 septembre : Mour part comme volontaire au front. Il sera tué en juillet 1944 en Lettonie.

16 octobre : Serguéï Efron est exécuté.

NOTES

L'AMIE

Page 21   *L'amie*

1. Le cycle « L'amie » est consacré à Sophia (Sonia) Parnok (1885-1933), elle-même poète, rencontrée à Moscou en octobre 1914. Cette passion tumultueuse (« Sonia m'aime beaucoup, et moi aussi je l'aime — et cela aussi c'est éternel... ») prendra fin en janvier 1916. Sur Marina, Sophia Parnok écrit : « Ah, loin de la mort, emmène-moi, toi / Dont les bras bronzés sont frais, toi /... On entend l'orage, n'est-ce pas, et le vent / Des rivages, dans ton nom audacieux, / Oh Marina, homonyme de la mer. » (*Sans lui, op. cit.*, p. 44). Pour Tsvétaïéva, l'énergie motrice c'est l'énergie amoureuse. Et, au sein de cette énergie amoureuse, elle a également revendiqué, notamment dans *Mon frère féminin*, « *cette entité parfaite que sont deux femmes qui s'aiment* ». (*N.d.E.*)

Page 28   « *Par la Bolchaia Loubianka,*
                       ce soir... »

1. En français dans le texte. (*N.d.T.*)

Page 29

1. Allusion au conte d'Andersen. *(N.d.T.)*

Page 32   « *Car elle scintillait gaiement,*
                la neige, et... »

1. Lors d'une réussite aux cartes, sortir le roi de cœur signifie la rencontre d'un homme jeune, beau et célibataire. *(N.d.T.)*

Page 37   « *Ce parfum — le White Rose —*
                et le thé... »

1. Parfum très à la mode, à l'époque. *(N.d.T.)*

Page 38

1. Le mot russe *gospoda* s'adresse d'habitude aux hommes, mais il peut aussi s'adresser aux femmes. *(N.d.T.)*

Page 45   « *Tu aimas, dans la première...* »

1. Instrument de musique très répandu en Orient. *(N.d.T.)*

Page 49   « *Ça me plaît que vous n'ayez*
                pas le mal de moi... »

1. Ce poème s'adresse à M.A. Mintz (1886-1917), qui épousa par la suite la sœur de Tsvétaïéva, Anastassia. On en a fait aujourd'hui une chanson célèbre (musique de M. Tariverdiev). *(N.d.T.)*

Page 53   « *Je sais la vérité ! Arrière,*
                les vérités d'hier ! »

1. Dans ce poème comme dans les suivants, c'est Marina Tsvetaïeva qui souligne. *(N.d.T.)*

1. Ce cycle, écrit en 1915-1916 à Petrograd, est inspiré par Akhmatova, à laquelle Tsvétaïéva, de son propre aveu, voulait « offrir quelque chose de plus éternel que l'amour ». *(N.d.T.)*

Page 54   *« Nuages autour... »*

2. Ariadna, née en septembre 1912. *(N.d.T.)*

Page 55

1. Suivant une légende, Moscou fut bâtie sur sept collines. *(N.d.T.)*
2. Cimetière célèbre de Moscou. *(N.d.T.)*

Page 56   *« Le jour viendra — si triste, paraît-il... »*

1. Une vieille coutume russe veut que l'on ferme les yeux des morts avec deux pièces de cinq kopecks. *(N.d.T.)*

Page 58   *« Grappes en feu... »*

1. Marina Tsvétaïéva est née un samedi 26 septembre (8 octobre), jour qui, dans le calendrier orthodoxe, est celui du trépas de saint Jean l'Évangéliste. *(N.d.T.)*

Page 59   *Poèmes à Blok*

1. Extraits d'un cycle de seize poèmes dédiés à Alexandre Blok (1880-1921), poète majeur du symbolisme russe, en qui Tsvétaïéva a toujours vu l'esprit même de la poésie. Elle en appelle, dans une note du 8 avril 1933, à « une mort où on est en pleines forces d'âme et de corps, une mort-vie (ceux qui moururent en lisant, en disant Blok) ». *(Vivre dans le feu, op. cit.*, p. 460.) *(N.d.E.)*

Page 67   *Insomnie*

1. De la part de celle qui se disait « sténographe de la vie », et en laquelle Boris Pasternak voyait « un élément aux limites de l'humain », il faut lire ce cycle comme un véritable manifeste. Pour Marina Tsvétaïéva, il s'agit littéralement de « ne pas dormir pour ne pas mourir ». De ne pas dormir pour créer. En ce sens, la nuit est « l'heure de l'âme », un « rideau tiré sur le visible ». Le temps atemporel de la nuit est l'espace d'une errance nécessaire à l'écriture. Quelques fragments de cette esthétique non diurne, non solaire, mais résolument *nocturne* : « Il est trois heures et demie du matin. Je termine. Tout le monde dort, c'est mon heure préférée. » (*Lettres à Anna Teskova, op. cit.*, p. 15) – « Peur de tout ce qui est le jour — et rien de ce qui est la nuit » (*Vivre dans le feu, op. cit.*, p. 283) – « Ma vie : je dors peu — un jour j'écrirai des vers là-dessus » (*ibid.*, p. 331). *(N.d.E.)*

Page 81   *« Je viens vers toi*
                           dans la nuit noire... »

1. Poème adressé par Tsvétaïéva à son époux Serguei Efron après le cycle « L'amie » et la rupture avec Sophia Parnok. *(N.d.E.)*

Page 82   *À Akhmatova*

1. Sur la rencontre-« non-rencontre » entre Tsvétaïéva et Akhmatova, les deux grandes figures féminines de la poésie russe du XXe siècle, voir Véronique Lossky, *Chants de femmes, op. cit.* : « La vie de chacune d'elles a donc été ainsi faite qu'elles ne pouvaient se rencontrer et se comprendre que dans l'éternité. » *(N.d.E.)*

Page 83   « *Un soleil blanc et des nuages très,*
                        très bas... »

1. Maisons paysannes d'Ukraine. *(N.d.T.)*

Page 84   « *Pour atteindre lèvres et couche...* »

1. On trouve dans les écrits de Tsvétaïéva la note sui-
vante : « Petite-fille de prêtre, dans l'église je me sens
comme un esprit impur ou comme Brutus : peur du brocard,
des robes et ornements, de l'or et de l'argent. Les icônes
(visages) et les cierges (feu vivant) je les aime. » Plus tard,
en 1933, elle disait encore : « Je suis une personne hors-
église, même physiquement. Si je m'y tiens debout, c'est
près de l'entrée, c'est-à-dire de la sortie, pour aller plus
loin ». (Marina Tsvétaïéva, *Œuvres complètes*, 7 volumes, Ellis
Luck, Moscou, vol. I, texte russe, p. 317, note p. 604.)
(N.d.T.)

Page 88   « *Dieu — a raison...* »

1. Ce poème – ainsi que « — Où sont les cygnes ? »,
p. 95 est extrait du *Camp des cygnes*, long cycle d'une centaine
de poèmes célébrant l'Armée blanche, formée en hiver 1918
dans la région du Don, et où Sergueï Efron servit comme
officier. Les poèmes de ce recueil n'ont été publiés en URSS
qu'en 1990. *(N.d.E.)*

Page 92   « *J'ai dit. Un autre l'a entendu...* »

1. Ce poème s'inscrit dans une série thématique de cette
période sur l'inspiration, le travail du poète, la page blanche,
le chant, l'écho, les mains, les ailes, etc. *(N.d.T.)*

Page 94   « *Ma journée est absurde non-sens...* »

1. Poème publié dans le recueil de Tsvétaïéva, *Verstes*,
Moscou, 1921, et republié la même année dans un périodi-

que russe parisien (*Les Annales contemporaines*). Il y a eu pendant quelque deux-trois années, une période faste de publication pour la littérature russe, peu de temps après la Révolution. L'emprise politique ne se faisait pas encore sentir vraiment et on pouvait, écrivant et publiant à Moscou, voir ses œuvres reproduites à l'étranger, à Berlin par exemple, là où la première vague de l'émigration russe commençait à s'installer. L'intelligentsia croyait alors que le départ de Russie était tout à fait provisoire, puisque le nouveau régime n'allait sûrement pas durer... *(N.d.T.)*

Page 99   « *Même jeunesse et mêmes hardes...* »

1. Tsvetaïeva cite le dernier vers de ce poème dans une lettre impérieuse adressée à Rilke le 5 juin 1926 (*Correspondance à trois, op. cit.*) : « Telle je suis. Tel est l'amour — dans le temps. Ingrat et suicidaire. L'amour, je ne le respecte ni ne l'aime. *La haute bassesse de l'amour*, c'est un vers de moi : *La haute bassesse de l'amour*, ou — mieux — *la bassesse suprême de l'amour.* » *(N.d.E.)*

Page 100   « *J'écrivais sur un tableau*
                           d'ardoise... »

1. Tsvétaïéva a longuement travaillé ce poème (il reste plus de quarante variantes de la seconde strophe), dédié à son mari Serguei Efron. *(N.d.T.)*
2. « *À l'intérieur* de la bague » fait allusion à l'alliance de chacun des deux époux, à l'intérieur de laquelle était gravée, avec leur prénom réciproque, la date de leur mariage, le 27 janvier 1912. *(N.d.T.)*

Page 107   « *Tous couchés en rang...* »

1. Un groupe de poèmes consacrés aux exploits de l'Armée Blanche et composés en 1920 accompagne le grand cycle « Le camp des cygnes » de l'année précédente et qui

n'a vu le jour qu'en publication posthume, à Munich en 1957. Ce poème-ci est une sorte de lamentation sur les morts de la guerre civile, les héros du grand cycle.

Les trois premières strophes en sont consacrées aux morts de Russie, dont chaque blessure appelle « maman ! », ensuite commence l'extrait cité. *(N.d.T.)*

Page 109   *À Maïakovski*

1. Tsvetaïeva a toujours voué une admiration vivace à Maïakovski l'« archange-charretier » et l'a toujours défendu – jusqu'à se mettre à dos les milieux de l'émigration russe. Dans le premier numéro de la revue *Eurasie* (24 novembre 1928), elle écrit : « Le 28 avril 1922, la veille de mon départ de Russie..., je croisai Maïakovski. — Alors, Maïakovski, que transmettre de votre part à l'Europe ? — Que la vérité est ici. Le 7 novembre 1928, en sortant du Café Voltaire, à la question : — Que direz-vous de la Russie après la lecture de Maïakovski ? Je répondis sans réfléchir : — Que la force est là-bas. » (in *Lettres à Anna Teskova, op. cit.*, p. 287). Après que Maïakovski eut mis fin à ses jours le 14 avril 1930, Tsvétaïéva lui dédia un cycle de sept poèmes (voir p. 195-198 du présent recueil). *(N.d.E.)*

Page 110   *La muse*

1. Ce poème, publié avec son titre « La muse », se rattache à la grande période faste, avant le départ en Europe, durant laquelle Tsvétaïeva compose encore de nombreuses pièces lyriques brèves. *(N.d.T.)*

1. Dans une lettre adressée de Meudon à Anna Teskova, le troisième jour de la Pâque 1927, Tsvétaïéva précise la signification de ce titre : « Le recueil (je ne le dis qu'à vous !) s'intitule "Après la Russie" [...]. J'entends beaucoup de choses dans ce titre. Premièrement — et là rien à entendre — la simple vérité : tout — je parle des vers — a été écrit après la Russie. Deuxièmement — on ne vit pas que de la Russie. Troisièmement — la Russie en moi, pas moi en Russie. [...] Quatrièmement : après la Russie, l'étape suivante — c'est quoi ? — le Royaume des Cieux ou presque ! En somme, le titre est à la fois discret et précis. » *(N.d.E.)*

Page 115   *« Il est une heure pour les mots... »*

1. Initialement dédié à A.G. Vichniac (qui dirige les éditions *Helikon*), élégant personnage de l'émigration russe à Berlin, où Tsvétaïéva arriva le 15 mai 1922. Écrit à Berlin, dont Ariadna Efron écrit : « Berlin de Marina, qui n'exista pas. Qui n'exista pas parce qu'il ne fut pas aimé ; pas aimé parce que après la Russie – la Prusse après le Moscou révolutionnaire – Berlin bourgeois, inacceptable pour les yeux comme pour l'âme : intolérable. » *(N.d.T.)*

Page 122   *Fils télégraphiques*

1. Ce cycle est inspiré par la correspondance de Tsvétaïéva avec Pasternak. Elle écrit à ce dernier : « Les poèmes sont les traces sur lesquelles je vais dans votre âme mais votre âme s'éloigne ; moi, dépitée, je reste en arrière, je fais un bond, à l'aveuglette, au hasard, et ensuite, glacée, j'attends : tournera-t-il là-bas ? » *(N.d.T.)*

Page 126   *Dieu*

1. Le cycle de trois poèmes consacrés à Dieu n'est pas le seul exemple d'évocations religieuses chez Tsvétaïéva. Elle utilise de nombreuses références bibliques dans ses œuvres, mais elle consacre rarement des vers à un exposé explicitement « idéologique ». Ici on constate que la description est polémique, même si cela se fait avec douceur : l'auteur veut exprimer sa position *a contrario* en essayant d'échapper aux conventions et aux idées reçues. Les trois poèmes ont été composés d'un seul trait au début de la période de vie à l'étranger. L'aspect le plus intéressant du cycle est le dynamisme de la divinité, son côté personnel, on a envie de dire « incarné ». En même temps, l'impossibilité de dire ce que Dieu est, le désir de définir ce qu'Il n'est pas, s'inspire bien sûr d'une théologie apophatique ou « négative ». *(N.d.T.)*

Page 133   *Le poète*

1. Dans le cycle consacré aux poètes, c'est elle-même que Tsvétaïéva définit avant tout. Mais elle cherche, tout comme dans le cycle « Dieu » composé quelques mois auparavant, à s'éloigner des conceptions statiques et à refuser de circonscrire l'indicible. Elle met en avant le dynamisme de sa propre nature. Le monde dans lequel vit le poète est fait de poids et de mesures, il est hostile et étranger pour l'être qui aspire à la transcendance, obéissant à l'appel de l'infini. C'est ainsi qu'elle se voit et qu'elle se décrira également dans sa prose théorique, par exemple dans *L'Art à la lumière de la conscience*. *(N.d.T.)*

Page 154   *Madeleine*

1. Ce cycle d'inspiration évangélique a suscité de nombreuses analyses littéraires. Il faut souligner qu'une leçon d'humilité y est donnée au Christ par la femme pécheresse, ce qui est une inversion de l'interprétation classique et conventionnelle de cet épisode. Tsvétaïéva se devait de la récu-

ser. Son attitude de poète est très personnelle, toujours frondeuse, révoltée, originale, mais non pas mécréante, comme on aimait à le dire. *(N.d.T.)*

Page 160 *Le ravin*

1. Poème adressé à Konstantin Rodzévitch, le « héros » du *Poème de la montagne* et du *Poème de la fin*, dans une lettre du 12 septembre 1923. « Lisez ces vers de tout votre être, comme vous n'avez jamais lu aucun vers. Voici pour vous, cher ami, l'occasion de comprendre en une seule fois — et le non-hasard des mots en poésie, et la pesanteur des mots lâchés "à l'air libre", et la profonde différence entre essence et reflet, et tout simplement moi, mon âme vivante, et bien des choses encore. [...] Le reflet le plus exact d'une heure dont vous êtes l'un des acteurs — si ce n'est l'auteur ! C'est *cette heure sans pareille* — telle qu'inscrite pour des siècles en moi ! » (*Lettres de la montagne... op. cit.*, p. 37) *(N.d.E.)*

Page 163 *Lieux nocturnes*

1. Poème adressé à Konstantin Rodzévitch dans une lettre du 5 octobre 1923 qui commence ainsi : « Mon toutproche, mon bien-aimé, mon charmant — et — plus important que tout, plus tendre — que tout : — *mon* ! » (*Lettres de la montagne..., op. cit.*, p. 68). Marina y précise, non sans humour, le pourquoi de ces vers : « Et voici des vers. C'est moi — seule avec moi-même, sans vous. Vous voyez, je ne m'amuse pas beaucoup. » *(N.d.E.)*

Page 165 *Deux*

1. Le manuscrit porte la dédicace suivante : « À Boris Pasternak — mon frère en la cinquième saison, en le sixième sens et en la quatrième dimension. » Si Maïakovski était le « frère en poésie » de Tsvétaïéva, Pasternak fut son « frère

spiriteul » au plein sens du terme, auquel elle voua une passion *in absentia*. *(N.d.T.)*

Page 168   *L'amour*

1. Tsvétaïéva vit désormais en Occident une période d'exil qui se prolongera pendant dix-sept ans. Après Berlin et la Tchécoslovaquie, elle regagnera Paris en novembre 1925. La France semblait alors plus appropriée pour concentrer les forces intellectuelles de l'émigration russe. *(N.d.T.)*

Page 175   *« Des villages natals... »*

1. Écrit en exil, ce poème n'a été retrouvé que bien plus tard dans un cahier de brouillon. Il a été publié pour la première fois en Russie dans la grosse collection moscovite de 1990, « La Bibliothèque du Poète », réalisée par Elena Korkina. *(N.d.T.)*

Page 176

1. Préfixe (Brest) et suffixe (-stok) se rapportent aux noms propres qui désignent les deux limites de la Russie, la ville frontière à l'ouest, Brest-Litovsk et l'extrémité orientale de la Russie, Vladivostok.

Page 177   LE POÈME DE L'AIR

1. À propos de ce poème, Véronique Lossky écrit : « N'oublions pas que l'un de ses poèmes les plus hermétiques des années trente, celui dont Akhmatova a dit, après l'avoir lu, que son auteur s'était perdu "dans la langue transmentale", est précisément *Le Poème de l'air*, qui attend encore du lecteur une attention et une sensibilité suffisamment

affinées pour en apprécier la modernité, la portée philosophique et la qualité verbale. Tsvétaïéva y décrit à la fois un exploit technique – la traversée par Lindbergh de l'Atlantique en avion, sans escale, en 1927 – et l'effort pour échapper à l'espace sensoriel, c'est-à-dire à l'un des deux aspects fondamentaux de la finitude humaine [...]. L'acteur-héros de cette tentative est un technicien, confronté à une solitude jamais connue par l'homme auparavant, celle de la cabine, dans laquelle il va tenter de sortir de l'air. Il accomplit plusieurs montées successives dans l'espace et le vide est toujours plus grand. Le héros est accompagné du guide-narrateur qui commente l'exploit. L'avant-dernière halte offre une évocation particulièrement impressionnante, sonore, de l'espace vide du tombeau du Christ, après la Résurrection. Pour finir, l'âme humaine devenue esprit pur s'arrache à l'air pour entrer dans l'infini et sortir ainsi du temps et de l'espace. Le *finale* de la narration pourrait être la mort, si l'on ne savait à l'avance que Lindbergh est sorti vainqueur de son épreuve à lui [...]. Il est certain que Tsvétaïéva a cherché à exprimer ici en mots humains l'indicible d'une expérience métaphysique unique et universelle à la fois. » (*Chants de femmes, op. cit.*, p. 107.) *(N.d.E.)*

POÈMES DES ANNÉES 1930-1940

Page 195   *À Maïakovski*

1. L'épigraphe – inexacte – est tirée du roman *Petersbourg* d'Andreï Biély. Le poème met en scène la rencontre dans l'au-delà entre les deux grands suicidés (Marina Tsvétaïéva sera la troisième) de la poésie russe : Sergueï (Sérioja) Essénine (1895-1925), mort par pendaison, et Vladimir (Volodia) Maïakovski (1893-1930), qui se tira une balle dans le cœur.

Il est successivement fait allusion au poème d'adieu qu'Essénine écrivit avec son sang en se coupant une veine, à celui dans lequel Maïakovski fustigea le suicide d'Essénine, à la dernière lettre laissée par Maïakovski (« la barque de l'amour s'est brisée sur la vie quotidienne »). *(N.d.T.)*

Page 197

1. « La vieille ROSTA » est une agence télégraphique de Russie, pour laquelle Maïakovski rédigea en vers – et dessina parfois – de nombreuses affiches de propagande. *(N.d.T.)*

2. Alexandre Blok, mort en 1921 au terme de longues souffrances physiques et morales. *(N.d.T.)*

Page 198

1. Fédor Sologoub, poète et romancier (1863-1927), dont la femme se jeta dans la Néva en septembre 1921, son corps n'ayant été repêché que quelques mois plus tard. *(N.d.T.)*

2. Poète acméiste, premier mari d'Akhmatova, prétendument impliqué dans un complot antirévolutionnaire et fusillé en 1921. *(N.d.T.)*

Page 200   *« Pas de souci pour le poète... »*

1. Le temps qui passe et le siècle comme symboles d'une dimension contraignante de la vie humaine occupent une place significative dans l'œuvre poétique de Tsvétaïéva. En 1932 elle a aussi consacré à ce thème un essai théorique intitulé *Le Poète et le Temps*. Le poème sur le siècle composé de deux quatrains dans sa version définitive de septembre 1934 compte 31 vers de plus dans les brouillons, ce qui témoigne du soin que Tsvétaïéva met à choisir rimes et épithètes.

Le cinquième vers du poème de 1934 peut être une évocation indirecte de l'essai autobiographique en prose de Mandelstam, *Le Bruit du Temps*, écrit plus de dix ans aupa-

ravant. En 1916, Tsvétaïéva a consacré un cycle de trois poèmes à Mandelstam. On y trouve en particulier ces vers :
Mon siècle. Je donne ma démission.
Je ne conviens pas et j'en suis fière !
Même seule parmi tous les vivants,
Je dirai non ! Non au siècle. *(N.d.T.)*

Page 205   *Tombal*

1. Ces poèmes font écho à la mort de Nicolaï Gronsky (1909-1934), jeune poète de l'immigration. « Voici l'autre chagrin : mien. Aigu et pur comme un diamant. Le 21 novembre, un jeune homme a péri sous le métro — Nicolaï Gronsky. J'avais été son premier amour et lui — mon dernier. » (*Lettres à Anna Teskova, op. cit.*, p. 152) *(N.d.E.)*

Page 208   *Poème à l'orphelin*

1. Extrait d'un cycle de sept poèmes dont le destinataire était Anatoli Sergueevitch Steiger (1907-1944), poète russe fixé en Suisse auquel Tsvétaïéva s'était attachée, notamment lors de l'été 1936, époque où il souffrait de la tuberculose. *(N.d.E.)*

Page 212   *« Il est temps... »*

1. On a retrouvé ce poème parmi les onze écrits par Tsvétaïéva à son retour en URSS. Il est intéressant de noter que dans les dix autres, on rencontre les mêmes évocations d'objets, notions ou images : l'ambre, le réverbère, le temps advenu ou accompli, le glossaire, la biographie, l'encyclopédie... *(N.d.T.)*

REMERCIEMENTS

À Brigitte Rax et Véronique Lossky
À Chantal Messagier

L'AMIE

L'amie

INSOMNIE

Insomnie

Ce volume,
le quatre cent cinquante-huitième
de la collection Poésie,
composé par PCA
a été achevé d'imprimer sur les presses
de CPI Bussière à Saint-Amand (Cher),
le 13 mai 2011.
Dépôt légal : mai 2011.
Numéro d'imprimeur : 111635/1.
ISBN 978-2-07-035874-8./Imprimé en France.

160279